世界は強い日本を望んでいる

嘘つきメディアに

グッド・バイ

ワニブックス

世界は強い日本を望んでいる

嘘つきメディアにグッド・バイ

——目次

序章 世界の大きな変化への準備を

第1章 アメリカのメディアでさえ今や瀕死の状態

第2章 朝日新聞はなぜ「反日の牙城」なのか

第3章 メディアの支配者とＮＨＫという存在

第4章 もはやエラくもなんともないテレビメディア

第5章 「情報に弱い」は現代日本人の罪

第6章 メディアがまともになれば日本は世界一

※敬称につきましては、一部省略いたしました。役職は当時のものです。
※写真にクレジットがないものは、パブリックドメインです。

序章

世界の大きな変化への準備を

ドナルド・トランプはなぜ選ばれたのか

ドナルド・J・トランプ米大統領による既成概念を超えた独自外交が、世界を揺るがし続けています。当選してから2年以上経った今も、トランプ大統領のかつてないスタイルを多くの日本人は理解できていないことと思います。

その原因の一つには、日本の報道機関が、アメリカのマスコミによるトランプ批判ばかりをそのまま引用して報道しているということがあります。しかし、それ以前の問題として、トランプを選んだアメリカ人の考え方を理解できていないことがまず、大きいでしょう。

平成28年（2016）11月、大統領選挙の結果が日本で発表された朝、私はフジテレビの特番に生出演し、米NBCテレビの出口調査の結果を紹介しました。ヒラリー・クリントンとドナルド・トランプ、それぞれの候補に投票した人たちに、その理由を聞く調査です。結果は次の通りでした。

1. 私のような人間を面倒見てくれるだろうから：クリントン58%、トランプ35%
2. 経験があるから　　　　　　　　　　　　　　：クリントン90%、トランプ8%

3. 判断力があるから……クリントン66%、トランプ26%
4. 変革をもたらすだろうから……クリントン14%、トランプ83%

つまり、面倒見が悪く、経験もなく、判断力も期待できないトランプ氏に投票した人は、その問題解決能力を評価したのです。言い換えれば、トランプは「できる男」だ、と思ったのです。実力重視のアメリカ人なら、当然の結果ともいえるでしょう。

トランプ氏は若い頃、ニューヨークのセントラルパークを見下ろす高層マンションに住んでいました。眼下にいつも眺めていたのは、壊れているアイススケート・リンクでした。何年経っても修理の工事が終わらない、いわくつきのスケートリンクでした。トランプ氏は、その問題をたびたびニューヨークの新聞に投稿していて、かなり話題になっていたのです。「私に修復工事を任せればあっという間に、しかも安価に完成できる」と言い続けた結果、とうとうニューヨーク市長は、「できるものならやってみろ！」とトランプ氏にその工事を委託しました。

ドナルド・トランプ

トランプ氏はアイススケート・リンクの数も多いカナダから専門家を呼びます。そして、約束した期間よりも早く、しかも予算よりも安い費用で修復工事を完成させました。トランプ氏は、このことで「できる男」だと有名になりました。

トランプ氏は、きわめて自信過剰に見えます。そんな彼の態度に不満を持った人たちは、トランプ氏のビジネスに注目し続け、トランプ氏が時々起こすビジネス上の大失敗を大喜びしました。しかし、結果としてトランプ氏は不動産王となります。結果は結果として、しっかりと評価するのがアメリカという国です。

しっかりと認識すべき、アメリカ人の考え方

ここで、アメリカ人の考え方というものを確認しておく必要があるでしょう。様々な研究によれば、アメリカ人が最も許せないのは「不公平（Unfair）」です。独立宣言に「平等」という概念を謳っている国なので、当然かもしれません。

同時に、キリスト教の背景もあって、人助けすることをアメリカ人は美徳だと思っています。だからボランティア精神が強いのです。

アメリカ人は、人助けをしただけで満足します。助けた相手から期待するのは感謝だけ

です。しかし、感謝もされずに、善意を利用されて不利な状況にもっていかれた場合、アメリカ人はそれを許しません。まさに「Unfair」だからです。

２０１６年の大統領選挙期間中、トランプ氏はしきりにグローバリゼーションを批判し、否定し続けました。アメリカが常に不利な状況に置かれ、国力が低下しているのはグローバリゼーションの結果だと論じました。

その具体例として、北アメリカ自由貿易協定（ＮＡＦＴＡ）があります。１９９４年の協定発効当時は、この協定はメキシコにとって有利なものでした。環境規制は緩く、賃金が安いメキシコで製造された製品は大した関税もかけられずにアメリカ市場に入ってきました。メキシコの経済発展の手助けとして、メキシコに対するアメリカ製品輸出には高い関税がかけられました。

協定には目的がありました。その一つが、メキシコとの経済格差を是正し、メキシコを発展させ、不法移民問題を解決するということです。しかし、今やすでにメキシコの経済は大きく発展しています。トランプ氏は、このような不平等な協定が今もまだ残っていることを「Unfair」だと言ったのです。

トランプ氏は当選後、ＮＡＦＴＡを破棄して、新たな協定を提案しました。激しい交渉の末、間もなくアメリカの議会がこれを承認する見通しです。民主党・共和党も賛成していますし、カナダとメキシコはすでに承認しています。

トランプ氏は、日本もまた「Unfair」だと考えています。戦後の日本はいわばメキシコと同様の構造にありました。日本の復興は進み、1980年代、さらに「平等」な貿易体制をアメリカが要求し、貿易の障壁は部分的に修正されていきました。しかし、日本とアメリカの貿易の不均衡はいまだに続いています。

トランプ氏が現在も、日本は「Unfair」だ、と言い続けているのはこれが理由です。評価として正しいのかどうかは別にして、令和元年(2019)7月の参議院選挙の後、現在行われている日米貿易交渉によって、さらに平等な体制が整えられるでしょう。農産物に関しては、トランプ氏が参加を拒否したTPP11(環太平洋パートナーシップに関する包括的及び先進的な協定)と同じ条件になるだろうと言われています。

2019年5月、私は安倍晋三首相と対談しました。日米貿易について、安部首相は次のように説明してくれました。

「確かにモノの輸出入では日本が有利だが、サービス部門ではアメリカが有利であり、合算するとおおむねバランスがとれている」

そのことを一生懸命トランプ大統領に説明している、とも安部首相は言っていました。

アメリカが考えている安全保障面での「Unfair」

安全保障面を見てみましょう。北大西洋条約機構（NATO）は第二次世界大戦直後にできました。その目的は、ソ連から西ヨーロッパを守り、アメリカとソ連の間に緩衝地帯を確保することでした。

大戦直後、ヨーロッパの国々は壊滅状態だったので、大半の費用と人材をアメリカが供給しました。その体制が長年続いてきたのです。トランプ氏は、すでに豊かになったNATOの国々が軍事費を出し渋り、いつまでもアメリカにつけ込んでいることを「Unfair」だと考えました。大統領就任直後、トランプ氏はNATOの首脳会談で激しくそのことを主張し、一同をひどく驚かせました。現在はNATO加盟国の負担を増やしてもらっています。

日米安保条約は、NATOと同様の目的を持っていた条約です。ソ連（現在は中国、北朝鮮）の脅威の防波堤、あるいは緩衝地帯を構築するための条約でした。日本に対する経済的優遇措置は、「強い日本の復興」を促進する国防的な意味合いもありました。

しかし、困ったことに、アメリカは日本に、いわゆる「平和憲法」を持たせていました。軍隊を持ってはいけないという、この「平和憲法」は、戦後の間違った占領政策の一つです。朝鮮動乱のときにアメリカはすぐにその過ちに気付き、警察予備隊を作らせ、後に自衛隊が設立されました。実はアメリカは長年にわたって数回、日本国憲法第9条第2項を改正することを提案しています。しかし日本の政治家は、それをいまだに実現していません。

ジョー・バイデン

選挙中、トランプ氏は安保条約の片務的防衛義務を「Unfair」と揶揄《やゆ》しました。ある政治集会では、在日米軍の費用を日本が全部負担すべきだと主張し、そうでなければ安保条約は破棄、日本が核兵器でもなんでも作って自分の国は自分で守ればいい、とまで言いました。日本のマスコミがこれを大きく取り上げましたが、トランプ氏は、実は政治集会の勢いで言っただけのことです。アメリカが日本の核武装を認めることは絶対にありませんし、トランプもそれを許すはずがありません。

ちなみに、この発言に対して2016年8月、ジョー・バイデン副大統領がトランプ氏を激しく批判して、こう言いました。

“Does he not understand we wrote Japan's Constitution to say that they could not be a nuclear power?”（日本が核兵器を持てないように私たちが日本の憲法を書いたことをトランプは知らないのか？）

朝日新聞はバイデンの発言を「無神経」で「傲慢」だと報道したものの、他のメディアではあまり報道されませんでした。日本のメディアでは、「日本国憲法の草案はアメリカが作成した」と言ってはいけないことになっているからでしょう。

また興味深いことに、トランプ氏は選挙中、貿易不均衡に関して、日本と中国をいっしょくたにして、これもアメリカに対して「Unfair」だと主張していたということです。

1980年代の貿易交渉のときのセリフを蘇らせ、「日本は何百万台もの自動車をアメリカに輸出している」と批判しました。日本車の大部分は、現在アメリカで製造されていることを知らなかったようです。

トランプ・タワーを訪問した安倍首相とトランプ氏（2016年11月17日）

トランプ氏が当選してすぐに、安倍首相はニューヨークへ行き、トランプタワーでトランプ氏と会談しました。元大統領主席戦略官のスティーブ・バノン氏は日本で講演したとき、そのニューヨークの会談では、時間の大部分は安倍首相が中国の脅威についてトランプ氏に説明していた、ということを明かしました。

私は、この会談が安倍首相とトランプ大統領の信頼関係の土台になったと考えています。同時に、日米貿易不均衡と米中貿易不均衡は構造的にまったく違うものだ、ということをトランプ氏はこのときに理解したのだと思います。それ以来、ことあるごとに、トランプ氏は安倍首相に相談しています。安倍首相はアメリカにとってアジアにおける唯一信頼できるリーダーだという位置づけになっているのです。

その結果かもしれませんが、就任してすぐ、トランプ氏は中国に対して厳しい態度をとりました。中国が北朝鮮問題に真面目に取り組んで解決してくれることを条件に100日間の猶予《ゆうよ》を与えもしました。中国が北朝鮮に対しての影響力が足りなかったのか、やる気がなかったのか、トランプ大統領を甘く見ていたのか、それは定かではありませんが、その後も北朝鮮問題に進展は見られず、アメリカは明らかに中国に対して厳しい対策を取り始め、現在に至っています。

中国に対するアメリカの考え方

アメリカは、中国の現在の繁栄はアメリカに対する不正に基づいている、と信じています。確かにアメリカは、中国の知的財産権の侵害、国営企業への優遇措置、法整備の不備や不正、軍事力の拡大、為替操作、人権問題、南シナ海への進出などをずっと見逃してきました。

アメリカが中国を見逃してきた理由は二つあります。

一つ目の理由は、「中国は、豊かになれば民主化する」とアメリカが信じていたからです。しかし、民主化するどころか、天安門事件（1989年）が起き、共産党の統制が強くなり、習近平氏はとうとう「皇帝」になってしまいました。日本が大量のODA（政府開発援助）を中国に提供してきたのも同じ理由です。これらが間違った政策だったことは明らかです。

二つ目の理由は、「短期的に多少は損しても巨大な中国市場に乗り遅れたくない」という思惑です。今も、中国に進出している日本企業は、日本政府が中国に対して厳しい態度をとることを嫌がります。

トランプ氏はこの「Unfair」を正さなければならないと決断しました。事実上、孔子学院（海外の教育機関と連携して、中国語や文化教育を目的とした中国政府の機関）を禁止したり、ファーウェイ（華為技術）などに対する制裁措置をとったりしています。低い率の関税をも

習近平

って中国の構造的な改革を求める交渉も始めました。中国は真面目に交渉しているかのように思われましたが、いったんできていたはずの合意を中国は一方的に拒否しました。そこでアメリカは、とうとう25％もの関税をかけることになり、交渉は中断されました。その「米中貿易戦争」が現在も続いているわけです。

25％の関税をかける決定がなされる前、安倍首相はヨーロッパからの帰りにアメリカに立ち寄りました。トランプ氏に相談されたそうです。中国に25％の関税をかけると日本も短期的には打撃を受ける可能性があるけれども、耐えられるだろうかと。そして、安部首相は、トランプ氏の政策に賛成したそうです。

中国の脅威はアメリカで広く知られています。今回の25％の関税に関しては、珍しく共和党も民主党も賛成しています。経済界も賛成しています。いちばん被害を受けているのは農業ですが、彼らも長年、中国との貿易では苦労してきました。今は損をしてもトランプ氏の交渉が成功すれば長期的にはよくなると認めています。投資家は、懸念してはいるものの、おおむね賛成しています。こういった態度は、日本もまた同じでしょう。

令和元年（2019）6月の大阪G20《トゥエンティ》において、アメリカ国民がいちばん懸念していたのは、トランプが妥協して「Bad Deal」に納得してしまうことでした。ファーウェイに対する部品の販売規制を一部解除したことを批判している人はいますが、トランプ氏が譲歩せずに強い態度をとったことに対して国内的な批判はありません。追加関税を見送ったことに株式市場をはじめ、経済界はほっとしています。結果的に交渉が再開されることになったので、基本的には素晴らしい結果だったと評価されています。

関税を中心とした米中貿易戦争がいつまで続くかはわかりませんが、このような措置がとられたことによって、中国は初めて真面目に取り組んでくると思います。

アメリカ国民は、今までの大統領がこういった状況をほったらかしにしていたことをひどく腹立たしく思っています。今回は、トランプという政治家ではない大統領が事にあたっているからこそ、結果が出る可能性はより高いと思います。もしヒラリー・クリントン氏が大統領であったなら、ほったらかし政策が続いただけでしょう。クリントン夫婦と中国の不正な関係は広く知られていることですが、ここでは述べないでおきます。

日米安全保障条約に対するアメリカの考え方

さて、大阪G20を目前にしたタイミングで、トランプ氏はまたもや、日米安保条約の片務的防衛義務や在日米軍の費用について発言しました。参議院選挙の前にそのような発言をされることが安倍首相にとって有利に動いたかどうかはわかりません。しかし、トランプ氏本人が、日米同盟はこのままではだめだ、と思っていることを私は米軍筋から聞いています。

私は、安保条約を維持することは日本の国益よりもアメリカの国益にとって大きな意味を持つと思っています。日米安保条約は、米国のグローバルな戦略に絶対必要です。

気になるのは、日本は本当に半ば引きこもり状態を続けるつもりなのか、それとも、積極的にアジア太平洋地域の平和のために貢献するつもりなのか、ということです。つまり、本当にアメリカと対等のパートナーになる意思があるのかどうかということが、アメリカの、また世界の今後の大きな関心事になるでしょう。

日本においては、憲法改正も含めて、軍事的な案件が国会で議論することすらできていないことは大問題です。

その間にも、自衛隊のオスプレーは飛んでおらず、F-35戦闘機も飛んでおらず、沖縄では反対勢力（反米？反米軍？反米軍基地？反日？反安倍？中国の工作員？単なるテロリスト？）が野放し、という状態になっています。自衛隊員に対する待遇は極端にお粗末であり、それも理由の一つになって、欠員しています。

日本の政治家のリーダーシップが問われています。現在は、決して好ましい状態ではありません。

米朝首脳緊急会談の真意

トランプ氏は2019年6月30日、南北軍事境界線がある板門店《パンムンジョム》で、北朝鮮の金正恩《キムジョンウン》朝鮮労働党委員長と会談し、現職の米大統領として初めて北朝鮮側に足を踏み入れました。

板門店での米朝首脳会談（2019年6月30日）
©AP/アフロ

この前日、トランプ氏はツイッターで、《重要な会議を終えた後、日本から韓国に出発する。正恩氏がこれを見ていたら（南北軍事境界線のある）DMZ（非武装地帯）で握手して挨拶するために会うかもしれない！》と呼びかけました。そして、翌日、会談を実現させてしまいました。

電撃会談には次の三つの可能性があると思います。一つ目は「急な思いつき」。二つ目は「以前から水面下で可能性を探っており、前日にサプライズで表明した」。三つ目は「中国が主導権を握ることを阻止するため」。

実は数日前から考えていたようですが、実際の決断は急なものだったようです。とはいえ中国が主導権を握ることをどのように阻止するかを考えていたには違いなく、またその効果も十分にあったと思います。

通常の外交は、官僚が綿密に懸案を調整したうえで、最後に首脳同士が会談し、自国の国益や価値観を守ります。ところが、ビジネスマン出身のトランプ氏は違います。まず首脳会談を実現させてしまうのです。

電撃訪問に関しては批判もありました。米民主党のチャック・シューマー上院院内総務は、「人権を平気で侵害する独裁者（金正恩）にトランプ氏が取り入ることは米国の国益を低下させる」と述べています。

しかし、嫌でも我慢して進めなければならない外交もあるのです。「Hold Your Nose（鼻をつまんで、臭い中へしぶしぶ進んでいく）」です。米朝の場合はトップ同士の関係性がカギを握ります。トランプ流は間違っていないと思います。

トランプ氏はまた、大阪でのG20首脳会議中、「ロシア疑惑」で関係が冷え込むウラジーミル・プーチン大統領に「選挙に介入するな」と言いました。

記者殺害事件への関与が指摘されるサウジアラビアのムハンマド皇太子とは、中東地域での協力を確認しました。まさに、「Hold Your Nose」なのでしょう。

トランプ氏の外交には、複数の側近も大きな役割を果たしています。マイク・ポンペオ米国務長官や、ジョン・ボルトン大統領補佐官（国家安全保障問題担当）は遠慮せずに意見を言うそうです。トランプ氏はまた、保守系ジャーナリストや、安倍晋三首相にも意見を求めます。

「トランプ流」はメディアに批判されています。しかし、トランプ氏自身も「メディアは国民の敵」と毛嫌いしています。新しい手法は確かに混乱を生みますが、よどんだ水をかき回して酸素を送り込むようなもので、沈滞していた国際社会の新陳代謝を促すことになったのは間違いないことです。

マイク・ポンペオ

ジョン・ボルトン

トランプ氏は常に「アメリカファースト」で動いています。つまり、自国の国益を順位の最優先においています。グローバリゼーションの風潮の中で、「Unfair」で自国に不利益な状態を絶対に許したくないのです。

例えば、アメリカがパリ協定を離脱した大きな理由の一つは、公害原因をいちばん排出している中国が発展途上国扱いになっているのが「Unfair」だからです。これは明言されていることです。

トランプ氏の影響かどうかはわかりませんが、日本政府も次第に国益を主張するようになってきました。

日本政府は令和元年（2019）7月4日をもって、半導体製造に不可欠な3品目の対韓輸出管理を強化しました。「反日」暴挙を続けてきた韓国にやっと発動する、事実上の制裁といえるでしょう。これもまた、トランプ氏の独自外交が世界の新陳代謝を高めた結果だといえるでしょう。

第1章

アメリカのメディアでさえ今や瀕死の状態

「メディアを疑うな」は日本人だけの悪いクセ

安倍晋三氏が総理大臣に再任されて6年、アメリカにドナルド・トランプ大統領が誕生して2年が経ちました。

この間に起きた様々なことを思い返すと、テレビやラジオ、新聞や雑誌といったマスメディアの多くが、いかにいい加減で傲慢、横暴であるかという現実を、やっと日本人も理解し始めたのではないかと思います。普通に教育を受けたアメリカ人には、「メディア情報をうかつに信頼してはならない」という常識があります。なぜなら、高校でそう教わるからです。私の脳内には50年以上昔から定着していたそんな常識が、やっと日本人の間にも形成され始めていると、感じています。

伝統的に、寛大かつ寛容な人間でありたいと望む日本人は、他人をむやみに疑うことを良しとしません。猜疑《さいぎ》心や警戒心が強い人は「器《うつわ》が小さい」と軽蔑されてしまいます。根が善良な日本人は「性善説」が大好きなのです。だから日本では、自分と同程度の思いやりや誠実さが相手にもあることを前提に、人間関係をスタートさせます。この方法は日本人同士であれば大概上手《うま》くいくので、幼い頃から「成功体験」として心に刻まれ、習慣化します。しかし、私から言わせれば、明らかに警戒すべき対象にまで同じ方法で接するのが、日本人の悪いクセです。「騙す方より騙される方がいい」という「性善説」に基づいた善良な人生の最終段階が「オレオレ詐欺《さぎ》の被害者」というのでは残念すぎます。

加えて、多くの日本人には「肩書や権威に弱い」という弱点があります。例えば、戦時中の「大本営」は、陸軍と海軍の上位にある最高統帥《とうすい》機関でした。日本軍の最高司令部であり、天皇陛下の命令を発令する「権威の象徴」だったのです。戦時中の新聞やラジオ、ニュース映画は「大本営発表」を報道していましたが、日本の不利な戦況は情報操作され、隠されていました。もちろん戦争中ですから、国民の戦意を発揚・維持するためには必要なことでした。ですが、当時の「権威の象徴」である大本営と、現代まで続くNHKや朝日新聞などの大手報道機関が、国民に真実を伝えていなかったことは歴史的事実です。それを大半の日本人が知っているはずなのに、テレビ(特にNHK)や新聞の報道を一切疑わない日本人は今でも多く、戦時中の先人たちの苦い経験は、現代日本人の生活に活かされていない気がします。

アメリカ人の私には、日本人はいまだに「メディアや権威を疑うことは悪」と刷り込まれているかのように見えます。公益財団法人新聞通信調査会が発表した「第11回メディアに関する全国世論調査(2018年)」の結果によると、「NHKテレビ」の信頼度は100満点のうち70・8点、「新聞」は69・6点、「民放テレビ」は62・9点という結果でした。

さらに、「ラジオ」57・2点、「インターネット」49・4点の順番で続いています。

もし私が「あなたの新聞への信頼度は何点ですか？」という質問を受けたら、「そんなケース・バイ・ケースの質問に答えられるかっ！」と回答します。ちなみに朝日新聞への私の信頼度はマイナス点ですが、産経新聞は60点以上です。この点数が逆の人がいたら、確実に世間知らずです。表現を変えれば「情報弱者」です。私は両社の幹部や記者と何度も直接やり取りした経験から、この点数を出しています。後で詳述しますが、朝日新聞は、事実を事実として受け入れて報じるよりも、会社のメンツやイデオロギーを優先させます。そこには「読者に真実を伝えたい」というジャーナリスト魂は、一切感じられません。

インターネット上の情報は、市井《しせい》の人の素晴らしいスクープから、朝日新聞がネットでも流すフェイクニュースまで、本当に玉石混交です。ですからネット情報を全部信じるのも、全部をフェイクだと考えるのも間違いです。私と違ってこの不出来な質問に真面目に回答した日本人は、「テレビや新聞の情報は6～7割が信頼できる」と考えているようです。せいぜい2～3割が妥当と考える私にとっては、ショッキングな調査結果でした。

メディアへの出演経験などから私に言えるのは、メディアというものは日米問わず、大半がリベラル寄りに偏っていて、誤報も捏造《ねつぞう》も印象操作も、日常茶飯事ということです。

さらに、朝日新聞が慰安婦報道の「虚報」を37年間も放置した一件を持ち出すまでもなく、プライドが高くて傲慢な日本の大手メディアは、外から間違いを指摘されても簡単には訂正しません。読者や視聴者に嘘を伝えないことよりも、自分たちのメンツを保つことの方が重要だからです。冤罪《えんざい》や風評被害が生じても、彼らは気にしません。

大統領選挙報道でボロを出したアメリカのメディア

一方、アメリカのメディアはどうでしょうか。

全世界でも知られる代表的な全国紙に「ニューヨーク・タイムズ」と「ワシントン・ポスト」があります。この二紙とも、リベラルの立場をとっています。リベラルとは本来であれば、既存の価値観に囚《とら》われない「自由主義的」という良い意味でしたが、最近では「社会主義的」「左翼的」、あるいは異論を許さない「全体主義的」という意味で使われるケースの方が増えています。本書でも主として後者の意味で使っています。

とりわけ、ニューヨーク・タイムズは1851年創刊、伝統も権威もあり、昔からリベラルな論調で知られています。紙媒体の発行部数はおよそ100万部です。それに加えて、約300万の有料デジタル購読者がいます。

報道メディアとして、アメリカ国内に多大な影響を与えていますが、こと部数では日本の新聞とは比べものになりません。平成31年（2019）1月現在、読売新聞の発行部数は827万部、朝日新聞の発行部数は565万部です。全国紙としては最下位である産経新聞の140万部にも負けています。

発行部数は少ないですが、アメリカのリベラルメディアは朝日新聞ほど凋落《ちょうらく》していません。それはなぜか。客観的事実を意図的に曲げることはなく、事実を基礎としたリベラルな論調を堅持し、きちんと保守勢力との対立を続けているからです。すなわち、ジャーナリズムの基本を外してはおらず、それにより権威と伝統が一応は保たれています。

彼らは、間違った報道であれば素直に訂正も謝罪もします。このあたりが指摘を受けても「フェイクニュース」を堂々と流し続ける朝日新聞との最大の違いでしょう。

そのアメリカのメディアの「敗北」が決定的になったのが、先の2016年11月8日に実施されたアメリカ大統領選挙でした。

大統領選の開票日、私もいくつかのテレビ番組に出演しました。そこで気付いたのは、日本人の多くの人が、アメリカの政治の仕組みをあまり理解していないことでした。

アメリカ政治の仕組みについて、簡単に述べてみましょう。

まず、アメリカの有権者を、左（リベラル）から右（保守）のレベルに応じて、1から

■アメリカの有権者における左(リベラル)・右(保守)

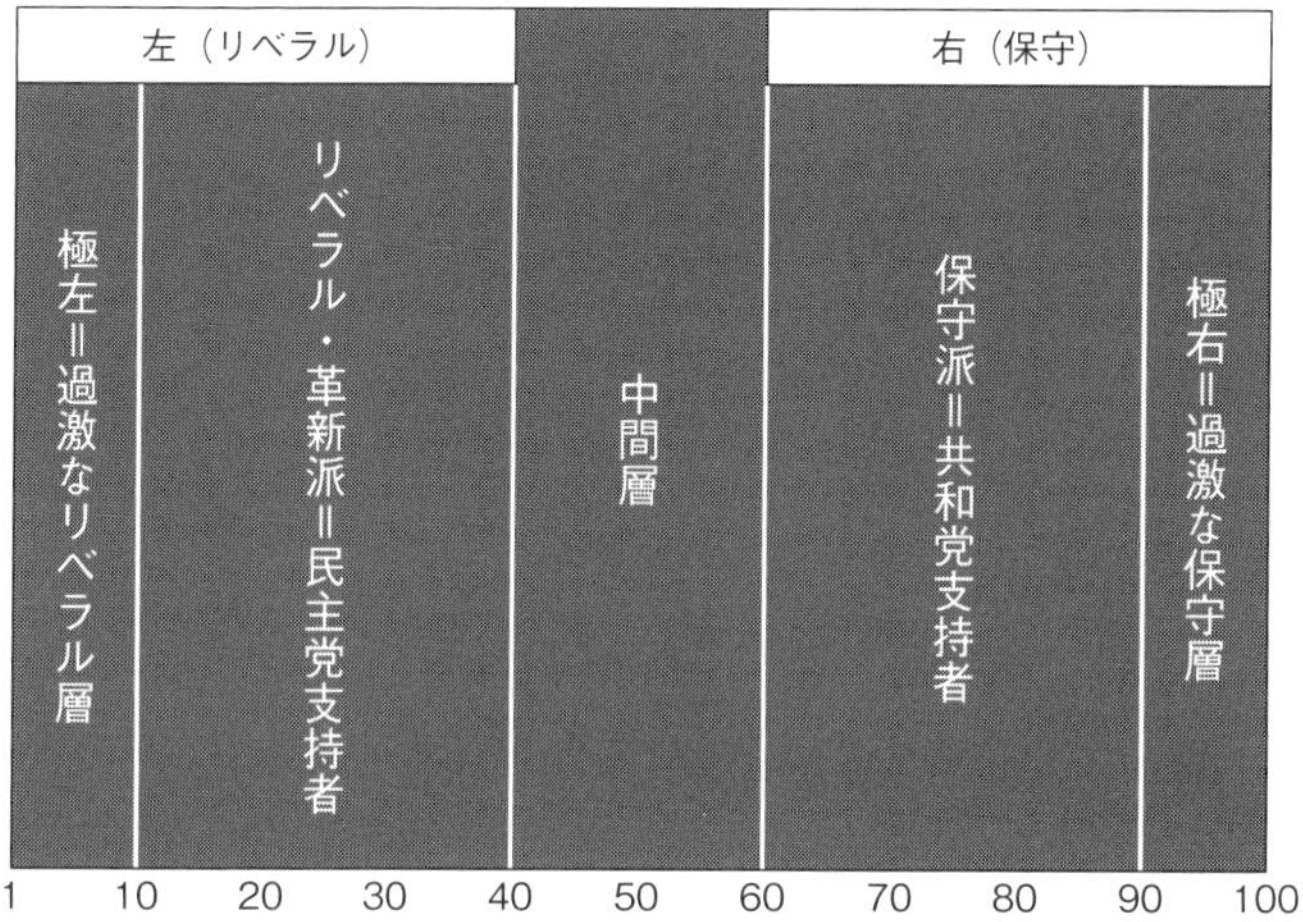

100まで割り振ります。

そのうち、「極左」と呼んでいい過激なリベラル層は【1〜10】程度います。一方、「極右」と呼ばれる過激な保守層も【91〜100】の部分にいます。この両サイドの10%ずつの勢力は極端すぎますので、どんなに議論しても支持政党を変えることはありません。極左は民主党、極右は共和党を支持します。

では、保守派とされている共和党の支持者はどの位置を占めるかといえば、【61〜90】の部分です。反対にリベラル・革新派とされる民主党の支持者は【11〜40】の部分です。それぞれ30%程度ずついます。そして、共和党の候補者を決める予備選挙には【61〜100】の人たちが投票します。

民主党の予備選挙には【1~40】の人たちが投票します。それが本選挙になると、中間の【41~60】という真ん中の20%の人たちも投票するわけです。結果的にこの中間層がどう動くかが、大統領選挙の勝敗のカギを握っているわけです。

民主党候補者争いの場となった予備選挙で、バーニー・サンダース上院議員は、極左層を取り込もうとしました。本人が「民主社会主義者」を自称する極左なので当然です。

予備選挙に勝つためには、共和党は極右の、民主党は極左の支持層を取り込めると有利になります。ですから予備選挙では、共和党の候補者は「小さな政府」を追及し「銃社会」を肯定する極右的な政策も、そして民主党の候補者は、公立大学の無償化など、まるで「社会主義国」のような極左的な政策も主張するのです。ですが、両党の予備選挙を勝ち抜いて本選挙に進出すると、最後の勝敗は中間層の支持次第で決まるので、予備選挙での極端な主張が、明暗どちらの結果に繋がるのか、最終的にはわからないのです。

バーニー・サンダース

ヒラリー・クリントン

サンダースを破り、民主党の大統領候補者

となったのは、ご存じの通り、ヒラリー・クリントン上院議員でした。第一次オバマ政権では国務長官を務めました。

ヒラリーはさして先鋭的な左派ではありませんでしたが、サンダースの岩盤支持層を突き崩すべく左に寄ってしまいました。大統領選挙の最中、左に寄りすぎた分を少し右に戻そうと試みましたが、今度は予備選挙で取り込んだサンダース支持層から「裏切り者」と責められ、結局、彼女自身の立ち位置がわからないまま、大統領選挙当日を迎えてしまったのです。ただ、予備選挙中の候補者は左右に寄りすぎることをアメリカの有権者はよくわかっており、かなりのレベルまでは許容範囲といえるのですが、このさじ加減が難しいのです。

2016年の大統領本選の結果を左右したのが、極右や極左の勢力でなかったことは明白です。このときも、共和党支持でも民主党支持でもない中間層の支持が最大のカギでした。選挙の前日まで、彼ら中間層は旗幟《きし》を鮮明にせず、世論調査をしても「まだ決めていない」と言い続けていました。しかし本当は、多くの中間層がトランプを支持していたのです。中には世論調査に「ヒラリー支持」と答えつつ、実際にはトランプに投票した中間層も多かったことでしょう。メディアがしつこく「ヒラリー上げ」と「トランプ叩き」をしていたので、一歩家を出ると「トランプ支持」と言えなかったのです。

ロナルド・レーガン

ジミー・カーター

およそ、40年前、1980年の大統領選挙でも面白い現象が起きています。カリフォルニア州知事だったロナルド・レーガンと、現職大統領のジミー・カーターの選挙戦です。後に「レーガン・デモクラット」と呼ばれる現象が、デトロイトの北にあるミシガン州マコーム郡の投票から始まりました。民主党支持者だった有権者までもが民主党のカーター大統領を見限り、共和党候補のレーガンに投票したのです。

実はトランプの勝利にも、民主党支持者の動向が影響しました。そのことは後で述べますが、何といってもカギを握ったのは中間層です。彼らが本心をなかなか言わなかった結果、メディアの世論調査結果はずっと「ヒラリー優勢」一色でした。

選挙の数日前になり、クリントン氏とトランプ氏の支持率がほぼ同じで、それぞれ46〜47%でしたが、残りの真ん中の中間層の6〜8%の有権者の立ち位置がどうしても予想できませんでした。しかし選挙の前夜になり、ニューヨーク・タイムズは「中間層は共和党に転びそうだ」と配信しました。同紙はヒラリー支持・トランプ不支持を早々に表明し、よもやトランプが大統領に就任するなどあり得ないと思っていました。傲慢にも、自分たちリベラルメディアが結束して、トランプ叩きとヒラリー支援を強力にやり続ければ、絶対にヒラリーが勝利すると信じていました。そして世論調査を行っても、自分たちの思惑通りに動いているはずでした。

しかし、内陸部に住むアメリカ人は、支持者を公然とは口にしないもので、そういった人々こそ、実は「隠れトランプ支持者」だったといえます。

アメリカの政治は、二大政党による8年ごとの政権バトンタッチが基本スタイルですが、従来、共和党支持者と民主党支持層は厳然と分かれていました。州や地域、人種や宗教、それに収入のレベルからも、支持政党がある程度わかります。

南部や中西部には、18世紀から19世紀の早い時期にアメリカへ移住した先祖を持つ住民が多く、保守の強い地盤です。他方、20世紀以降に移住した住民と、グローバリズムの恩恵で潤った金融業界やメディア、IT関係者が多い西海岸や東海岸の都会には、リベラルが多いのです。工場労働者が多く、労働組合が強い五大湖周辺もリベラル一色でした。

移民であるヒスパニック系は、民主党を支持してきましたが、新しい世代はそうでもありません。ヒスパニックも2世になるとアメリカに同化してしまい、少数民族という意識

バラク・オバマ

は消えるからです。日系をはじめとするアジア系は、伝統的に民主党支持が多いです。

　黒人層は、公民権運動を強く推進したハリー・S・トルーマン大統領の１９４８年の当選以来、圧倒的に民主党支持になっています。しかし、バラク・オバマの大統領選では多くの黒人が投票に行きましたが、２０１６年の大統領選ではかなり棄権しています。２０１８年の11月6日投開票の米中間選挙で民主党は、黒人の棄権票を集めるべく働きかけましたが、さほどうまくいかず、それどころか、予想に反して共和党側に票が入っていました。人気黒人ラッパーのカニエ・ウェストが、熱烈なトランプ支持者だからかも知れません。もう一つの理由は、トランプ政権が始まってから中間選挙までに黒人の失業率が史上最低に下がったからでしょう。黒人層は投票者全体の13%を占めていますから、決して小さくはない票田です。

　とはいえ、やはり、選挙で最終的にカギを握るのは、右でも左でもない無党派層の人々になります。普段は全体の20%ほどを占める層ですが、選挙が近づくにつれ、多くの人々がどちらに投票するか決めていくので、最終的には6~8%となり、この層がどちらに転ぶかで、勝者が決まるのです。

また、所得のレベルでも両党どちらを支持するのか、明らかに傾向があります。2016年の選挙では、年収500万円を超えると男女ともに共和党と民主党が半々といわれました。年収500万円以下の層は、民主党支持が多かったといいます。低所得者層の多くは、手厚い福祉政策を望むからです。こうした分断の傾向は、近年、ますます激しくなっており、価値観の違う人たちが互いに理解しようとしなくなっています。この傾向が明確に出たのが、2016年の大統領選挙でした。

トランプ大統領の誕生により、逆に反トランプ騒動も盛んに起きました。リベラルな彼らはトランプ支持の保守派、つまり考え方の違う人たちとは議論すらしなくなり、そのデモや言動はますます過激に先鋭化していきました。

リベラルに傾倒する彼らは、「自分たちこそアメリカの世論を形成している」という妙な優越感を持っているようでした。そんな彼ら「エリート」の多くは、ニューヨークやロサンジェルスといった沿岸部の大都会に住み、内陸の田舎に住む人々の意見を聞こうとしないばかりか、排除すらしていいという心理がありました。つまり、「リベラル・エリートのファシスト化」が顕著だったのです。しかし、トランプ大統領の誕生により、意見を排除されたのは、彼らリベラルを僭称《せんしょう》する「ファシスト」の方だったのです。

アメリカの国政選挙の一筋縄でいかない仕組みを、日本人の皆さんにも、ぜひ理解してほしいと思います。

トランプと共に日本も変われるか

トランプ大統領が誕生したとき、「政治経験のないビジネスマンの彼に、合衆国大統領という世界一の重責が務まるのか」という疑問がありました。これはリベラル派だけでなく、保守派の支持者の間にも存在していました。彼が大統領に選ばれたのは、ある意味、アメリカ国民による「一か八か」の賭けだったのかもしれません。それほどアメリカ国民には、逼迫《ひっぱく》感があったといってよいでしょう。もっとも、その心配も、いい意味で「杞《き》憂《ゆう》」に終わったといえるのではないでしょうか。

トランプ氏はそれまでの共和党の中心線からも、もちろん民主党の中心線からも大きく外れた場所から登場した大統領です。それだけに、余計なしがらみもなく、思い切った政策提案や発言ができるのです。何よりも資産家ですから、利権や賄賂からは最も遠い人といえます。クリントン夫妻のようにチャイナ・マネーやロシア・マネーに汚染される心配もないのです。ちなみにトランプ氏は公約通り、大統領の給与を受け取っていません。完全な無給はNGという法律があるので、年収1ドルは受け取らざるを得ないようですが。文字通り公僕としてアメリカ国民のために働いています。

トランプ大統領だからこそ、覇権主義を展開してきた中国の徹底的な封じ込めができています。特に中国のウイグル人迫害について言及し、これを非難したことは大きいです。国際世論は「人権」という言葉には耳を貸したがります。これを機会に、ウイグルやチベットの受けている弾圧の実態が、もっと世界に知られてほしいものです。

アメリカは中国共産党の掲げる「一つの中国」というスローガンに疑問を投げかけました。2019年6月に発表された米国防総省の「インド太平洋戦略報告書」では、1979年の中国との国交正常化以降、国家と認定していなかった台湾を、協力すべき対象「国家（country）」と表記しました。台湾との連携を深めたい安倍政権にとっても、これは朗報ではないでしょうか。

案外、トランプ氏のこうした動きには、安倍首相のアドバイスがあったのかもしれません。日本一国ではできないことを、アメリカを動かして道を切り開く。これを戦略的にやっているのだとしたら、安倍首相はなかなかの策士です。

米日台の実質的な軍事同盟、沖縄の米軍基地の一部の台湾への移転、あるいは日台の国交樹立という離れ業《わざ》も、もしかしたら近いうちに見ることができるかもしれません。それをやる勇気がある政治家は、安倍さんしかいないでしょう。

「安倍＝トランプ時代」に決めておくべきこと、やるべきこと、「安倍＝トランプ」だからこそやれることは、たくさんあるはずです。

日本メディアばかりではないテレビメディアの偏向

さて、複雑なアメリカ大統領選挙をおさらいしたうえで、少し話を戻して、いま一度アメリカのテレビメディアの状況を、簡単に振り返ってみたいと思います。

保守系といわれる「ＦＯＸニュース」には手堅い支持層がいて、ケーブルニュース局として、アメリカ国内の視聴者数ナンバーワンを争うメディアです。メディア王と呼ばれるルパート・マードック氏が会長を務めるニュース専門放送局であり、２００１年に起きた「同時多発テロ」以降、保守的な報道姿勢を鮮明にしています。２０１６年の大統領選挙では共和党を支持しました。そして予備選挙の最中から「トランプ推し」でした。

一方、左派メディアの代表格は「ＣＮＮ」です。「Cable News Network」の頭文字を取った名称ですが、私から言わせれば、「コミュニスト・ニュース・ネットワーク」、もしくは「チャイナ・ネットワーク・ニュース」ではないかと思えるほど左側に偏っています。2016年の大統領戦では「クリントン・ニュース・ネットワーク」と揶揄されました。

その左に寄りすぎた報道姿勢が視聴者から嫌われたのか、最近ではかつてのような勢いを感じなくなりました。メインのニュース番組でも、視聴者数はおよそ70万人といわれています。私が出演しているDHCテレビ「真相深入り！ 虎ノ門ニュース」は約50万人の視聴者が見ていますから、人口比率で考えれば影響力は「虎ノ門ニュース」の方があることになります。

日本では海外ニュースになるとまだCNNが目立っていますが、実はアメリカ国内ではその程度の視聴者数と影響力でしかないということが、日本ではあまり知られていません。

これはなにもCNNに限った話ではなく、3大ネットワーク（ABC、CBS、NBC）と呼ばれるアメリカの大手テレビメディアも似たような惨状です。「ABC」のニュース番組も視聴率は6％ぐらいで、全米で1900万人程度しか見ていないのです。

ルパート・マードック

1980年には、3大ネットワークの夕方のニュースの合計視聴率は、42・3％でしたが、現在は合計18・9％なので、3で割ると平均6％台で、もはや一桁《けた》です。

現在、ニュース番組の視聴率は「NBC」が7・2%でトップですが、それも下がっていく一方です。かつてのテレビニュースを視聴していた多くの人々が、今やニュースソースとして大手のテレビに頼っていないのです。

アメリカも日本と同じように、FOXニュースのような例外を除いて、リベラル派の新聞や放送局が多いのですが、自分たちの主張通りに報道する偏向ぶりが、今や視聴者にすっかりバレてしまいました。トランプ大統領が選挙中に大手メディアのことを「フェイクニュース」と言い続けたことが、とても効きました。

もはや、大手メディアの伝えている内容が「何かおかしい」と思えば、すぐにインターネットで真偽《しんぎ》を確認できます。彼らの行う世論調査も、日米とも偏向していますから、まったくアテにならなくなりました。

もちろん、新聞媒体も発行部数は右肩下がり。インターネットやケーブルテレビなどの新興メディアに、既存の放送局のニュース視聴者は奪われていきました。

多くの人々が、大手メディアをますます信用しなくなっているのです。

アメリカの報道機関はベトナム戦争が始まった時期までは、中立公平を保っていました。しかし、戦況が泥沼化すると、ほとんどのメディアが戦争継続に反対の立場をとったため、中立・公平であろうとする報道姿勢が崩れてしまったのです。

本来であれば報道機関は、アメリカのベトナム戦争以前の姿勢を思い出し、「ニュースは意見を交えず事実をストレートに伝えるもの」という考えに戻った方がいいのかも知れません。ですが、自由を重んじるアメリカは、新しい方法を選びました。右寄りだろうが左寄りだろうが、情報を発信するメディアの数がたくさんあれば、自由に放送していいということにしたのです。ただ、日本のメディアは新聞、テレビ、ラジオ、週刊誌まで系列化していて、情報源が少なすぎるので、現在はまだ、アメリカと同じ方法は無理だと思います。

迫られているのは、悪からの「更生」

私が最大の問題点として憂慮するのは、日本のメディアが「報道しない自由」を行使して、重要な事実を一般大衆に意図的に知らせないことです。私企業が自分勝手に「情報統制」を行っているのです。民主主義社会においてメディアに課せられた最も重要な役割は、国民の「知る権利」を担保することです。だからこそアメリカでは「言論の自由」が合衆国憲法修正第1条で保障されています。ところが「利益至上主義」となったメディアには、自分たちが民主主義社会に必要不可欠な存在であるという自覚や責任感などありません。

それだけでなく、日本のメディアは時として平気で嘘をつきます。メディア各社は「自社の利益」、「仲間の利益」、「スポンサーの利益」、「支持政党の利益」のため、中には「外国政府の利益」のために、虚偽《きょぎ》情報を流してまで情報操作を行っています。戦時中の「大本営発表」は、「日本の国益」のために行われた情報操作でしたが、現代の情報操作は「企業の私利私欲」のためだけに行われているのです。現代の情報操作の方が「大本営発表」よりもはるかに質が悪いことをご理解いただけるでしょう。

2年前のアメリカ大統領選挙を思い出してください。先ほども少し述べましたが、2016年11月9日（米国時間では8日）の投開票日、私は朝からインターネット番組1本、地上波テレビ2本、BSテレビ1本、ラジオ1本の計5本の生番組に、各局をハシゴして出演し、大統領選を解説しました。裏事情を暴露すると、前日までの打ち合わせで、「トランプ勝利」を想定した台本は一つもありませんでした。

理由は明白です。日本の主要メディアはNHKを筆頭に、ヒラリー候補を応援するアメリカメディアの発信情報を鵜呑《うの》みにしていたからです。トランプ大統領が「フェイクニュース」と批判するCNNやニューヨーク・タイムズの情報を、「信頼できる」と考え、右から左に流しただけだったのです。そして、その状態は今も続いているといえます。

あのとき、米国100大紙と呼ばれる新聞社のうち、57社がヒラリー支持を表明し、トランプ支持の新聞はわずか2社でした（時事雑誌「THE WEEK」電子版、2016年11月7日）。週刊誌ニューズウィーク誌は、フライングして、クリントン氏の当選を報道する内容で印刷して販売店に配布しましたが、回収して処分することになりました。選挙戦は常に「ヒラリー優勢」と報じられましたが、内陸部を少し取材すれば、それが「フェイクニュース」だと見抜けたはずです。

選挙戦の終盤になると、ヒラリーは、歌手のビヨンセなどの有名人を呼ばないと、演説会場に人が集まりませんでした。一方、トランプは彼一人で、飛行機の格納庫を使った巨大な演説会場を、いつも超満員にしていました。既得権益者であるメディアが、同じく既得権益の代表者であるヒラリーを応援したこと自体は理解できますが、露骨な印象操作や虚偽報道を行ったことで、アメリカの左派メディアは、一般大衆の信頼をますます失いました。

自分たちの影響力を過信しており、メディア情報を操作すれば絶対にヒラリーを勝たせられると考えたようですが、墓穴を掘ったわけです。大統領選挙はヒラリーの敗北であると同時に、アメリカメディアの大敗北でもありました。勝利したトランプ大統領は、今に至るまでメディアとの対決姿勢を崩していません。いつの日か、アメリカメディアが「更生」せざるを得ない日が来るでしょう。

情報操作は当たり前、とする異常事態

戦時中の日本では、「検閲」と「大本営発表」によって国民（臣民）の「知る権利」が制限されました。この歴史はよく批判されますが、「日本の国益」のために行われたことを忘れてはなりません。「大本営発表」を批判する人々は、ダグラス・マッカーサー元帥率いるGHQ（連合国軍最高司令官総司令部）が、日本を占領統治していた時代、戦時中を上回る検閲や報道規制が行われた歴史を知っているのでしょうか。占領終了から67年目の現在も、「プレスコード」（後述）というGHQの命令を日本メディアがかたくなに守るので、この歴史的事実を知らない日本人は驚くほど多いのです。

「WGIP（ウォー・ギルト・インフォメーション・プログラム）」を知らない人は、もはや「情報弱者」と呼ばれても仕方がないでしょう。WGIPについては、これまでの著書で何度も繰り返し書いてきたのですが、メディアが「日本の国益」を真剣に考えず、時として外国政府のプロパガンダ機関のような報道を平気で行うのは、WGIPの残滓《ざんし》その

ものです。問題は日本人の大半が、今、自分が見ているテレビ番組は、WGIPから始まる情報操作の集大成である事実を知らないことなのです。

例えば、ワイドショーは沖縄で反基地運動に関わる活動家に、大阪府警の機動隊員が「土人」と発言した件には長い時間を割《さ》きました。しかし、大阪府警が沖縄に派遣された理由や、活動家の多くが東京や大阪、あるいは外国から送り込まれた「プロ市民（一般人を装った活動家）」である件などは報じません。県外から来る活動家に迷惑している沖縄県民が怒りの声を上げても、活動家を支持するメディアにとって、それは「不都合な真実」なので報じないのです。

同じように、例えば安保法制についても、反対派の学者や政治家の意見、あるいは活動家の様子は、事細かに詳細に報じましたが、賛成派の学者や政治家の発言、そして安保法制が必要となった世界情勢の変化や、アメリカ政府の考えなど、本質的な問題点については報道時間が極端に少なく、まるで「愚民化プロパガンダ」のようでした。

アメリカなど海外では、記事に取材源（ソース）と引用（クレジット）を明記し、書いた人間の署名（バイライン）を入れて、訂正（コレクション）のページを設け

ダグラス・マッカーサー

て、反対意見（オプエド）を掲載することが、新聞の最低限の原則であり、ジャーナリズムの鉄則になっています。ところが、日本では大新聞でさえこの原則を守っていません。

地上波のテレビを筆頭として、日本のメディアの現状は極めて異常であり、このまま放置するのは、「日本の恥」と言っても過言ではありません。

第2章

朝日新聞はなぜ「反日の牙城」なのか

来日する前の私と日本

今では日本という国を愛し、この国の伝統や文化に敬意を払い、この国で日々の生活を過ごしている私です。しかし最初に日本に来たのは、実は、自分の意志ではありませんでした。末日聖徒イエス・キリスト教会の布教活動のため、教会から宣教師として派遣されたのです。

ちなみに宣教師といっても、戦国時代に来日したフランシスコ・ザビエルのように、命がけの布教活動を行うわけではありません。20歳前後の若者が2年間の「武者修行」に出るようなイメージです。私は3人の息子も「武者修行」に出しましたが、「かわいい子には旅をさせよ」は本当です。みんな2年間で人間的に驚くほど成長して戻ってきました。息子たちはそれぞれカンボジア語、日本語、モンゴル語をマスターしています。

私の場合、1971年8月に教会から日本への派遣を通達されて、10月になると、まずはハワイに行きました。そしてハワイで2カ月間、朝の7時半から夜の9時半まで、毎日毎日、みっちり日本語を勉強しました。

ですから初めて来日したときは、ボキャブラリーはそれほど多くなかったかもしれませんが、それなりに流暢《りゅうちょう》な日本語を話せるようになっていました。しかし、問題が一つありました。自分の伝えたいことは言えますが、リスニング、つまり日本人が話していることを聞き取って理解することは困難でした。ハワイでは話す練習ばかりしていて、聞き取る練習はあまりしなかったのです。もっとも、最初の派遣先は福岡でしたから、どんなに練習していたとしても、ネイティブの博多弁は聞き取れなかったでしょう。

日本への派遣が決まり、来日する前に、印象的なことがありました。布教で日本に行ったことがある先輩が近くにいたので、ご自宅にお邪魔して話を聞かせてもらうことになりました。すき焼きをごちそうになりながら、私は「日本はどんな国なのか」と訊ねました。すると、彼は「日本とアメリカは反対であることが多い。だからといってそれを、〝おかしい〟と否定的に考えるべきではない。〝面白い〟〝不思議だ〟と興味を持って、日米の違いを楽しんだ方がいい」と教えてくれました。この本当にありがたい教えを、私は50年近く経った今でも実践しています。

「反対」であることは悪いことではありません。ただ、日本と米国が異なる価値観や常識の国であるというだけです。どっちが間違っているというわけではありません。道路にしても、右側通行の国もあれば左側通行の国もあります。どちらも間違いではない。おかしいわけでもない。ただ「違う」という現実があるだけです。そして、先輩は「すべてにおいてリスペクトすることが大切だ。違いを楽しめ」と助言してくれました。自分の国と他国の違いに直面したときに「おかしい」と思ってはいけません。違うのは当たり前なのです。私は「不思議」と感じることが大切だと思っています。「おかしい」と「不思議」では意味がまったく違います。「おかしい」は否定的なのです。しかし、「不思議」からは「どうして?」という好奇心が生まれます。

私は「日米の違いを楽しもう」という思いを抱いて初来日しました。そして、実際にこの目で見た日本は、確かにあらゆる面で米国とは違う国でした。例えば、米国は個人主義ですが、日本は集団主義です。米国人は自己主張が激しいけれど、日本人は黙って観察し、周囲の人に合わせます。米国は銃社会ですが、日本は銃社会からいちばん遠い国です。

もちろん、来日前、日本を知る人たちから、「治安がいい」「人柄もいい」と聞いていたので日本に対して偏見はありませんでした。いや、正直に言うと、日本について何も知らなかったのです。

何も知らない普通のアメリカ人

19歳の私が日本と聞いてすぐに思い出すことといえば、当時は原爆の話くらいでした。

1945年5月8日、第二次世界大戦末期、ドイツが降伏して欧州の戦争は終了しましたが、太平洋での日米の戦いは続いていました。アメリカから見れば、あらゆる分析において「日本は必ず負ける」という情勢です。日本にはもう石油も鉄も、食料すらも、ろくに残っていないのです。しかし、そんな劣勢にありながら、日本はなかなか降伏しない。そこで戦争の早期終結のため、原爆投下が行われたというのが定説でした。当時はアメリカ国内でも厭戦《えんせん》の空気が広がり始めており、あと一年も戦争が続いていたら、大きな反戦運動が始まっていたともいわれました。

広島・長崎への原爆投下については、調査会社の「YouGov（ユーガブ）」が2015年に行ったアメリカ人の意識調査があります。その中で、「正しかった」と答える人の割合が、いまだ45％います。半数近いアメリカ人が、日本に原爆を落とすべきだったと考えているのです。例えば、年齢別で見てみると、若い世代は原爆の投下は大量虐殺と考えているようです。しかし、高年齢層の人たちは仕方のない行為だったと口にします。

私が小学生だった時代。毎年一度、原爆投下の記録映画を観る行事がありました。「エノラ・ゲイ」のショートムービーでした（「エノラ・ゲイ」は広島に原爆を投下した米軍機）。

この映画は原爆投下を肯定しているわけでも、否定しているわけでもありません。この観劇行事は防災訓練の一環であり、当時のソビエトが核攻撃を仕掛けてきた場合を想定し、子供たちに核攻撃の怖さを伝えようとするものでした。

映像自体、そんなに過激なものではありませんでしたが、巨大なキノコ雲と、恐らく広島だと思うのですが、原爆で全滅した街のシーンがあったことを覚えています。確かに一瞬ですべてのものを破壊し尽くす光景に恐怖を覚えましたし、どんな国だってギブアップせざるを得ないと思いました。ですが、それ以上の感情、例えば「爆弾の被害を受けた人はかわいそう」などの気持ちを持つことはありませんでした。

私は初来日から4年後の昭和50年（1975）7月から約6カ月間、この期間に沖縄で開催される「沖縄国際海洋博覧会」のアメリカ館のガイド役として再び日本を訪れました。そして海洋博の仕事が終了した後、すぐには帰国せず、日本全国を旅して回りました。沖縄から北海道まで、日本各地を訪問するなど、アメリカ人の私にとってめったにない機会だと考えたからです。まさかその数年後から、ほとんど毎週のように、講演で日本全国を飛び回ることになるとは、想像すらしませんでしたが。

さて、その旅行中、広島も訪れました。昭和51年（1976）の冬のことです。

小学生のときの記憶が残っていたのか、「平和記念公園」を見たいと思ったのです。記念公園内にある「広島平和記念資料館」にも立ち寄りました。

館内展示には、悲惨な様子を描いた絵が飾られていました。絵を見ていた時、私に向かって声がかけられたのです。

「How do you feel?」

そちらに目を向けると、一人の若い女性が立っていました。

「何を感じていますか？」

それが彼女の質問でした。私はとっさのことで、彼女の意図がわかりませんでしたが、今になって考えると、あの若い女性はアメリカ人であるらしい私に、原爆投下に対する反省を促していたのかも知れません。

ただ、私は返す言葉がありませんでした。何も感じていなかったからです。当時の私にとって、原爆投下は他人事でした。今まさにその現場にいながらも、想像力が何も働いていませんでした。当時、私の日本に対する知識や思い入れは、その程度だったのです。

「朝日」がつくって世界に広めた日本人への悪意

さて、日本に対して深い知識や甚大な思い入れがあるわけでもなかった私が、なぜ歴史問題に今ほど興味を持つことになったのか。

そのきっかけが、朝日新聞の「慰安婦強制連行誤報問題」でした。今では、日本軍が戦時中、朝鮮人女性（国籍は日本）を慰安婦にすべく強制連行したという朝日新聞の報道が誤りだったことは、多くの人が常識として知っていると思います。しかし、朝日の誤報訂正記事が出るまでは、私も日本軍による慰安婦の「強制連行」問題を、真実だと信じている一人でした。

平成26年（2014）8月5日の朝刊で、朝日新聞は吉田清治氏の証言は虚偽だと認めました。そして、吉田証言に基づいて書かれた記事16本を取り消したのです。

「済州島で慰安婦狩りをした」という記事は虚偽だったと知り、私は自分が長年騙されていたことに驚きましたが、その後、やり場のない怒りがこみ上げてきたのです。

当時、私は日本の近代史について、さほどくわしくはありませんでした。ただし、「従軍慰安婦」の問題は、「韓国人が言うほどではないにしても日本の軍隊は悪いことをしていたんだろう」と思っていました。何人かの友人は、「慰安婦の強制連行問題はすべて嘘だ」、「そもそも民間が提供する慰安婦はいたが、公的に雇われた従軍慰安婦などいない」などと早い時期から言っていました。しかし、私は自分で調べることもせず、「まったく右翼は困ったものだ」と、心の中で笑いながら聞き流していたのです。「日本人のくせに往生《おうじょう》際《ぎわ》が悪いぞ、いい加減にしろ！」と、彼らに怒りすら覚えていた記憶があります。

さすがに強制連行された慰安婦の数が20万人というのは眉唾《まゆつば》だとしても、朝日新聞や長年購読しているジャパンタイムズが何度も伝えている歴史上の話だから、基本的な流れは正しいと固く信じていました。

ところが、慰安婦強制連行問題の契機になった吉田証言はフェイクでした。それを長年報じ続けた朝日新聞が、「嘘を嘘で塗り固めた冤罪でした」と自供したのも同然です。

私は自分の失敗を笑い飛ばすしかないと思ったので、公式ブログに、「朝日新聞へのアドバイス」というタイトルのコラムを書きました。慰安婦記事の取り消しは、この問題を国家戦略にして世界中に拡散してきた韓国のはしごを外し、結果的に大恥をかかせたのだから、朝日新聞は今すぐ韓国に謝罪と賠償をしなければ、「1000年恨まれるぞ」と書いたのです。

このブログ記事はネット上で大変な話題になりました。それが「夕刊フジ」やPHP研究所のオピニオン雑誌「Voice」の編集者の目に留まり、執筆依頼が来ました。今、私が多くの読者の皆さんに持論を展開するきっかけは、この慰安婦問題だったわけです。

もう一度繰り返しますが、慰安婦の「強制連行」はまったくの作り話でした。それから「従軍慰安婦」は存在しません。民間業者が日本軍の宿営地の近くに慰安所（娼館）を設置するのに際し、日本軍は、ボッタクリや性感染症が発生しないように、慰安所の運営に関与しました。そもそも、日本中が貧しかったあの時代、陸軍大将以上の高給取りである慰安婦は、募集すれば容易に集まりました。強制連行する必要など一切なかったのです。

朝日新聞の慰安婦報道が、まだ「誤報」という過失なら仕方ないかも知れません。ただし、吉田清治の嘘八百、作り話を、何の裏取り調査もせずに報じていたとしたら、新聞社としては「重過失」が認められます。もし嘘八百だと知ったうえで報じた「故意犯」であれば、これはまったく許しがたい。ちなみに私は、朝日新聞は「故意犯」だと考えています。

朝日新聞の慰安婦記事があったからこそ、韓国は国連人権委員会に訴えて、同胞が受けてきた屈辱を晴らそうと努め、その結果、主張は認められました。それなのに、記事による報道の事実が歴史上存在しなかったならば、韓国ははしごを外されたのも同然で、何もかも水の泡どころか、ありもしないことに必死に向き合ってきたことになります。

だから、私は「韓国人にいちばん謝るべき」と書いたのです。

韓国人はもともと反日感情を強く抱いていますし、話を100倍にも膨らませて日本を非難し謝罪を求めるところがあります。それに20万人もの女性を強制連行されるのを、ただ指をくわえて見ていたとしたら、韓国人男性は臆病者の集団になってしまいます。

朝日新聞の記事をきっかけに、アメリカやヨーロッパでも「人権派」を中心に、反日感情が高まりました。これが多くの人々がもつ、人間としての優しい気持ちだけなら健全ですが、虚偽の記事だと知りながら利用する輩《やから》がいたのです。欧米の慰安婦問題で活動する人々の背後には、中国系アメリカ人の団体「世界抗日戦争史実維護連合会（抗日連合会）」がいます。この団体は間違いなく中国共産党と深い繋がりのある「反日プロパガンダ機関」です。彼らにはアイリス・チャンの著書『ザ・レイプ・オブ・南京』をアメリカで広めた実績があります。

日系三世の連邦下院議員だったマイク・ホンダは、米国内で慰安婦問題を追及する中心人物でしたが、抗日連合会は彼を全面的に支援していました。朝日新聞の慰安婦記事は、このような日本にとってよからぬ存在の活動にも力を与えてきたのです。

マイク・ホンダ

日本という国の信用を破壊し、最終的にはこの国を世界から消滅させたい新聞社とは、いったいどのような存在なのでしょうか。報道内容が虚偽である可能性を何度も指摘されながら、朝日新聞はそれを真摯《しんし》に受け止めて調査しようとしませんでした。そして、引き続き真実のように報じ続ける信じがたい行為は、過失ではなく故意だと考えなければ理解できません。

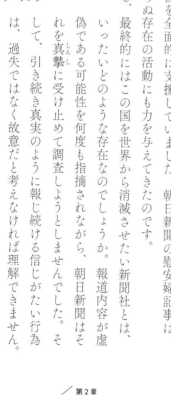

「朝日」が見習うべきジャパンタイムズの改心

私が社会人として来日して以来、ずっと購読を続けている「ジャパンタイムズ」も、慰安婦問題については、朝日新聞以上に、日本を批判する記事を繰り返し報じてきました。日本で最古の歴史を誇る英字新聞がジャパンタイムズです。同紙を発行するジャパンタイムズ社は、明治30年（1897）、前年に首相の座を降りていた伊藤博文の肝いりで創設されています。

平成26年（2014）8月、朝日新聞は、慰安婦の「強制連行」は虚報だと認めました。ところがジャパンタイムズは、それから1年半も経った平成28年（2016）1月19日の記事で、「第二次世界大戦及び大戦中に日本軍に強制連行的に行わされた女性たちのことを『性奴隷（sex slaves）』と表現することは妥当だというのが、ジャパンタイムズの方針です」と、署名入り記事で慰安婦問題について厳しく論じました。

この記事は、平成27年（2015）末、慰安婦問題をめぐる「日韓合意」を受けた後のものです。合意後、海外のメディアの多くは「日本軍による強制連行を政府が認めて謝罪した」と報じていました。当時の外務大臣だった岸田文雄氏が「性奴隷という言葉は不適切であり、使用すべきではない」とコメントを出しましたが、ジャパンタイムズは、日本政府の公式見解にわざわざ逆らって報道したのです。ネタ元の朝日新聞が「フェイクニュースだった」と言っているものを、なんでわざわざ報道する必要があるのでしょう。虚報と知りながら、日本を貶める意図で引き続き垂れ流すなど、まともな報道機関とは思えません。

そのジャパンタイムズが、平成30年（2018）11月7日、従軍慰安婦や韓国人徴用工に関する説明や呼び方を変えたことについて釈明する、次のような異例の社告をデジタル版に掲載しました。

「英字紙ジャパンタイムズは先月30日、前日に韓国の最高裁が三菱重工に言い渡した韓国人の元徴用工らに対する賠償を命じる判決について報じる中で、『強制労働』としてきた文言を、『戦時中の労働者』に変えるとする、おことわりを掲載しました。変更理由についてジャパンタイムズは、どんな条件下で働いたか労働するに至った過程が多様であるため、『誤解を招く可能性がある』としていました。また、同様に、いわゆる従軍慰安婦についても、『強制的に働かされた』としてきた説明を、『意思に反して働いていた者も含まれる』との記述に変更します」

これについて、ジャパンタイムズは、「これまで培ってきた読者らとの信頼関係を損ねた」として謝罪したうえで、「全体の編集方針の変更を意図したものではない」と釈明しています。私もジャパンタイムズの長年の読者の一人ですから、「誤解を招く情報の拡散」がジャパンタイムズの編集方針ではないと知って安心しました。かなり疑っていましたからね。

外部からの圧力に屈したのではとの見方もありますが、ジャパンタイムズは、報道機関として極めて当然の態度をとっただけであると、私は評価しています。

彼らも朝日新聞と同様、近年は日本の足を引っ張る存在でした。私はジャパンタイムズの40年近い愛読者ですが、昔はそんなひどい新聞ではなかったのです。

私は、かねがね、朝日新聞以上に反日的な記事を掲載するようになったジャパンタイムズのことを、「アンチ・ジャパンタイムズ」と揶揄し続けてきました。そのような記事を「夕刊フジ」の連載に載せたこともあります。正気に戻ってほしかったのです。

また、「真相深入り！　虎ノ門ニュース」の冒頭コーナーでも、彼らの記事がいかにバカげているか、指摘し続けました。私が特に怒りを向けたのは、ジャパンタイムズのある記者の記事です。彼は一面記事を署名入りで書いていたので、社内で有能と評価されていたのでしょう。ですが、私に言わせれば、新聞記事の書き方すら理解していませんでした。

ニュース面に事実だけでなく、自分の主張や感想を折り混ぜた偏向記事を載せるのです。これは典型的なプロパガンダの手法であり、「新聞」を名乗るのであればルール違反です。

あるとき、私は「記者の主張は社説やコラムのページに書くものであり、一面はニュースを掲載する場所だ」と抗議したのですが、彼がちゃんと理解できたのか疑わしいです。

その後、経営母体が変わったため、反日色が薄まってきました。先ほどの記者による署名記事も見かけなくなりました。インターネットを活用した企業情報を提供するPR会社が親会社になったこともあり、自社ブランドの印象を考えたのでしょう。これまでのジャパンタイムズの編集方針は「事実をきちんと見ていない」と指摘したようです。「あまりに左翼的で反日的なイメージはいかがなものか」と判断したのでしょう。

朝日新聞の記事取り消し後も伝え続けていた「性奴隷」などの表記をやめると公式に発表したのは、もちろん、グループ全体としての戦略だったと思います。

予期せぬジャパンタイムズの方針転換に、一部の左翼外国人ジャーナリストが騒いでいますが、かえって反日で左翼思想の在日外国人ジャーナリストの存在が注目されて、メディアの偏向ぶりが白日の下に曝されることになり、良い展開だと思います。

黙っていればまだ気がついていない日本人が多かったのに、無駄に騒いだおかげで寝た子を起こしてしまった。今まで慰安婦問題を使って日本を貶めようとしていたジャーナリストは誰なのか、あるいはどこの新聞社・テレビ局・出版社なのか……。

まさにジャパンタイムズの親会社「ニューズ・ツー・ユーホールディングス」の理念である「事実を価値に変えていく（Change Facts into Value)」チャンスが到来しました。事実をねじ曲げる反日メディアとジャーナリストに、今こそ鉄槌《てっつい》を下さねばなりません。

事実に関心がない驚くべき新聞

ジャパンタイムズの「徴用工」と「慰安婦」の英語表現変更について、私はすぐさまツイッターに歓迎メッセージを載せ、拡散希望を謳いました。ジャパンタイムズの対応を称賛することで、「それで、朝日はどうなの?」と再考を促す意味合いもありました。朝日もジャパンタイムズにならって、誤解を招く英語表現を即刻やめるべきだからです。

実は、ジャーナリストという人々の化けの皮が剝がれたといいますか、あらためてジャーナリストとはどのような職業なのか、ジャパンタイムズのいい意味での「変節」で、よくわかりました。

そもそも日本のジャーナリストは、いつから「左翼活動家」になってしまったのでしょうか。本来、ジャーナリストとは「事実を調査して伝える人」のことです。ジャパンタイムズの新しいオーナーは企業家であり、ジャーナリスト出身ではないので、「業界外で考えられている正しいジャーナリズム」を実践しただけの話でしょう。

東京・中日新聞の論説副主幹だった長谷川幸洋氏が、以前、共著のための対談中に、次のような話をしてくれたことを思い出します。

「日本のマスコミは事実に興味がない」

この最たる存在が、朝日新聞でしょう。

戦前から戦時中にかけての日本に、「報道の自由」が存在しなかったことはご存じの通りです。新聞や雑誌、書籍、ラジオでも検閲が公然と行われ、「大本営発表」と矛盾する報道を行うことは不可能でした。朝日新聞に限りませんが、マスコミが「言論の自由」を行使することは許されなかったのです。

後で詳しく書きますが、朝日新聞は終戦直後に掲載した記事がGHQの逆鱗《げきりん》に触れ、昭和20年（1945）9月18日に、48時間の発行停止処分を受けています。同じ時期に、共同通信と時事通信の前身である同盟通信社と、ジャパンタイムズの前身であるニッポンタイムズも、24時間の発行停止処分を受けています。残念ながら日本のメディアは、終戦で大本営の言論統制からは逃れられましたが、GHQはそれ以上の言論統制を課したのです。

ですから日本のメディアが「言論の自由」を行使できたのは、ポツダム宣言受諾の1945年8月15日から9月中旬までという、1カ月余りの短期間でしかなかったのです。

GHQの占領が終了した昭和27年(1952)4月28日以降は、リアルな「言論の自由」を行使できる状態になりました。ところが日本のメディアの大半は、既にジャーナリスト魂を粉砕されていました。占領中に言論統制を受けていた事実を日本国民に知らせることなく、「プレスコード」に従って、「自己検閲」と「日本を貶める報道」を続けたのです。

反省するはずのない故意犯

その「日本を貶める傾向」が最も露骨なのが、朝日新聞です。朝日新聞は「事実の捏造」や、日本語版と英語版では報道する内容が異なる「二枚舌」まで駆使します。日本国内では、歴史的事実として報じてきた慰安婦の強制連行は「誤報」だったとして、一連の記事を取り消しました。もちろん自ら望んで売春婦になる女性は少ないでしょうが、日本軍の慰安婦が、対価を受け取って戦場で性を提供する「キャンプフォロワー(追軍売春婦)」にすぎなかったことは、数々の一次史料から明らかです。ところが英語版の記事では相変わらず「性行為を強制された」という表現を使い続けていたのです。

平成30年（2018）7月、私は、オーストラリアで慰安婦像設置を阻止した経験を持つAJCN（オーストラリア・ジャパン・コミュニティ・ネットワーク）代表の山岡哲秀氏とともに、朝日新聞社に「英語報道に関する申し入れ」を行いました。これは慰安婦強制連行が虚偽報道だったと認めながら、英語版の記事ではそれが訂正されていない、いや、故意に訂正していないと思われる表記があったからです。

「慰安婦」に関する英語の説明には必ず、彼女たちが「性行為を強制された（who were forced to provide sex)」という但し書きが載るのです。受動態で「were forced」と綴られていますが、この文章では誰が強制したのか、主体が明らかではありません。これでは「日本軍に性行為を強制され、慰安婦として従事していた」と解釈する人が出てきても不思議ではありません。それどころか、その解釈の方がこの英文からは素直な訳になります。

やり取りの中で、朝日新聞は「誤報の訂正記事の英語版もウェブに掲載している」と、一つのURLを示しました。ところが、実はそのページをネット検索でヒットさせないようにメタタグを入れるという、姑息《こそく》な工作まで施していたのです。これらの事実を指摘しても、彼らはかたくなに「作業ミスだった」と述べて、真剣な議論から逃げ続けました。

余談かも知れませんが、もう一つ、私がどうしても許せないのは、社民党の福島瑞穂《みずほ》参議院議員らの行動です。彼女は現役の弁護士だった時代、ソウルで行われた「元日本軍慰安婦」を自称する女性たちへの聞き取り調査に立ち会っています。そこで「日本軍に強制連行された」と主張した彼女らを擁護したわけですが、自称元慰安婦の証言は矛盾だらけで、終戦時に10代前半だったという年齢も合わない人もいるので、確実に作り話が含まれています。韓国では、お金やメンツのためなら「平気で嘘をつく人」が珍しくないという現実は、韓国海軍による海上自衛隊哨戒機《しょうかいき》への火器管制レーダー照射の一件で、すべての日本人が認識したのではないでしょうか。

話を戻すと、日本政府を相手取って裁判を起こした「慰安婦による賠償訴訟」の敗訴後も、福島氏の仲間の弁護士は、国連人権理事会などにも出向いて作り話を拡散したのです。日本の司法は最高裁判決を最終的な判断としていますから、弁護士として法曹界に属する人間であれば、その判決に従うのが常識なのに、判決後も「作り話」で政府を糾弾する。弁護士という職業を貶める行動でもあり、本当にやめてもらいたいです。

改めて私は、日本には世間が認識する以上の、底知れぬ闇、日本に対する「加害」を目的とする「反日日本人」の存在を確信しました。日本が大嫌いで、日本を破滅させたい「がん細胞」や「寄生虫」のような連中が、新聞やテレビなどのメディアや政治家、法曹界、官僚、教育界にも巣食っているのです。故意犯なので、自ら悔い改めることはありません。

だから日本を守りたければ、彼らの正体や背後関係を突き止め、その事実と実態を一般の人にも拡散することで、彼らを徹底的に追い詰めなければならないのです。

不都合にはだんまりを決め込む悪質さ

私たちが朝日新聞に申し入れた「朝日新聞英語版の『慰安婦』印象操作中止を求める有志の会」への回答書は、一言で言えばゼロ回答でした。

私と山岡氏が中心となって呼びかけた署名は、最終的に1万5000人を超えました。これら多くの人々への回答が、「英語表現に関する申し入れに応じることはできません」の一文というのは、朝日の不適切な英語表記が「過失ではなく故意である自白」だと解釈できます。

朝日新聞の誤報とその後の不適切な対応は、海外在住の日本人を今も苦しめています。現に山岡氏は、オーストラリアのストラスフィールド市で、中韓反日団体による「慰安婦像設置」計画を知り、先に述べたAJCNを結成し、設置に反対しました。山岡氏の尽力で「慰安婦像設置」は阻止されましたが、慰安婦と何の関係もない南半球の街に突然、慰安婦像が建てられる。このような異常事態が起きるのは、朝日新聞による誤報訂正が、海外で明確に周知されていないからだと山岡氏は考えています。もちろん、私も同感です。

情報の収集が仕事なのだから、朝日新聞の社内でも、史実と異なる慰安婦報道の悪影響により、アメリカに住んでいる駐在日本人と日系人の子供たちがどのような目に遭っているかぐらい知っているでしょう。「お前たちの祖先は悪いことをした」、「未来永劫《えいごう》謝罪しろ」などと、中国系・韓国系の子供たちからいじめを受けているのです。

いつも「人権」について熱心に報じる朝日新聞の紙面で、現地の日本人が嫌がらせという人権侵害を受けている記事が掲載されることはありません。それどころか、口をつぐみ、だんまりを決め込む始末。これが日本を代表すると思われてきた新聞社の正体です。

戦時中、慰安婦は存在しましたが、日本軍に直接雇われた「従軍慰安婦」は一人もいませんでした。ましてや、官憲に強制連行されて無理やり慰安婦にされた女性などいなかった。それは朝日新聞がでっち上げ、拡散させた作り話です。

その作り話を世界中の人々が信じ込み、日本と日本人は不利益を受け続けている。それでも朝日新聞は世界に向けて「あれは作り話でした」と発信しないのです。その罪深さと無責任さは計り知れません。

さらに言えば、慰安婦の問題は昭和40年（1965）の日韓基本条約締結時に解決済みです。日本は韓国の国家予算の2年分に相当する8億ドル以上のお金を「経済協力金」として支払っています。その資金を使って、韓国政府が個人補償を行うと約束したのです。先頃、閣議決定された平成31年（2019）度の日本の予算案が101兆円ですから国家予算の半分近く。どのくらい莫大な金額だったかがわかります。ちなみに韓国は「戦勝国」ではないので、日本が提供した資金は「賠償金」ではありません。

また韓国は、平成27年（2015）の日韓合意を無視するかのような態度を取り続けています。さらに今度は、徴用工の問題を蒸し返しています。韓国政府は李氏朝鮮時代の特権階級である両班《ヤンバン》がそうだったように、「ユスリ・タカリ」を恥だと思っていません。

そして、このようなことになった大きな原因が、朝日新聞の慰安婦に関する「虚報」にあったといっても、まったく過言ではないでしょう。

朝日新聞が「報道機関」を名乗りたければ、いつまでも中国や韓国に迎合するような記事ばかり載せるのではなく、反省の意味を込めて、史実に基づいた記事を積極的に掲載すべきです。ですが、確信犯のプロパガンダ機関なので、その見込みはありません。

それでも読まれた朝日新聞の謎

それにしても、なぜ「朝日新聞」が多くの読者に読まれてきたのでしょうか。

昭和45年（1970）、日本で学生運動華やかなりし頃、朝日新聞のエース記者だった本多勝一が、中国人が日中戦争時の日本兵を語るルポルタージュを新聞連載し、一世を風《ふう》靡《び》しました。学生たちはこぞって朝日新聞社が発行するオピニオン誌「朝日ジャーナル」を小脇に抱えていたと、元時事通信の記者・室谷克実氏から聞いたことがあります。

要するに、左翼を標榜することが昔は「カッコよかった」のです。今でもその世代には「朝日を読む人間は賢い」といった風潮が残っているのかも知れません。昔は賢かったのかも知れませんが、今でもそう信じて「朝日」を読んでいる人は「情報弱者」そのものです。

私はリベラルな考えを押しつける「ニューヨーク・タイムズ」や「ワシントン・ポスト」が、正直言って嫌いです。「家族」を軽視する彼らの主張にまったく共感できないのです。

彼らはリベラルと称して、未婚の母やシングルマザーを称賛し、ゲイカップルの正式な婚姻を認めるべきだと騒ぎ立て、果ては宗教的な権威もないがしろにします。私が大切にしている思想や道徳観とは、多くのことで異なるのです。

よって、この二紙も好きではありませんが、それでもアメリカのリベラル紙は、朝日新聞に比べればまだまともです。当たり前の話ですが、意図的な嘘を書きません。さらに、誤報だとわかれば、訂正記事をすぐに出します。それこそが、多くの人々に影響力があるメディアが、最低でも持つべき良心だと思います。

一方の朝日新聞は、結論ありきの報道をする傾向が強い。彼らの偏った見方が結論として先にあり、それに沿うよう筋立てを想像で導くので、事実と違う内容が含まれてしまうのです。警察の間違った「見込み捜査」により、冤罪が生まれるのと同じパターンです。

ご記憶の方もいると思いますが、トランプ大統領が来日した折のことです。

安倍首相とともに、トランプ大統領が迎賓館で池にいる鯉にエサやりをした際、大統領はエサの入った枡《ます》を逆さにして、全部を豪快に投げ入れたのです。このシーンだけを切り取って、報道各社はトランプ大統領のマナーがなっていないと「レッテル貼り」をしました。真相は、時間が押していたので、先に安倍首相が枡をひっくり返して全部投げ入れ、トランプ大統領はその真似をしたのです。この切り取り報道はまさに、「トランプ大統領はマナーが悪い」という印象操作をしたい、日本のマスメディアの陰謀でした。

私がメディアの取材を受けるときに気を付けるのは、トランプ大統領の一件のように、メディアに都合のいい内容に編集されないようにすることです。メディアは、自分たちの主張に沿うように、主張の一部だけを切り取ることも平気でします。安保法制が審議されていた当時、TBSの「NEWS23」のインタビューを受けました。私はカメラが回る前に、インタビュアーでもある番組ディレクターに、「勝手に編集して私の主張の意図を曲げないように」と念を押し、彼も「そのようなことは絶対にしません」と約束したのですが、この約束は見事に破られました。当然、名刺を持っているので、このディレクターの名前を書くこともできますが、「武士の情け」でやめておきます。この一件は、私が「放送法遵守を求める視聴者の会」の創立メンバーとして名前を連ねるきっかけになりました。

今回、本書を担当する編集者の方から、こんな話も聞きました。彼は学生時代、新聞の投書欄に自分の書いた記事を載せてもらうのが趣味だったらしく、もちろん、「朝日新聞」にも送ったわけです。彼の投書は掲載されたのですが、ものの見事に修正されていた。誤字脱字を直すのならわかりますが、投書は彼の主張とは違う内容になっていたそうです。つまり、朝日新聞は、読者の生の声のような記事さえ、自分たちに都合よく改竄《かいざん》する会社だといえます。やはり「報道機関」ではなく「プロパガンダ機関」です。

現在は私の天敵となった「朝日新聞」ですが、ある対談の折、「朝日新聞も昔はああではなかった」と聞いたことがあります。つまり、「あれほど左に傾いた報道をする機関ではなかった」と、その方は言われたのです。

少し調べればわかりますが、大正時代、朝日新聞は、「良い意味でのリベラル」な気風でした。その後、軍部が台頭する中で変節していきます。ちなみに「二・二六事件」のときには、「東京朝日新聞社」も60人の兵隊に襲撃されています。クーデターでは、情報発信源であるメディアを抑えることも重要だからです。それからは臆面もなく軍部を応援する大衆に迎合し、終戦まで勇ましい記事を載せています。

それが、またまたコロッと変わるのです。

私との対談本もある経済評論家の上念司氏は、ある番組で次のように話していました。

「玉音放送で『泣き崩れる中学生』の写真はフェイク。（本人が）『朝日記者に頼まれてやらされた。恥ずかしい』と告白してる」

昭和20年（1945）8月15日、大東亜戦争の終戦を告げる玉音放送が流れました。この放送を聞いて皇居前で泣き崩れている人々を撮影した写真があります。歴史教科書にも掲載される、あの有名な写真が捏造だったわけです。「朝日新聞」は前日の記事でも「一億火の玉」や「本土決戦」といった勇ましい見出しで、国民を煽り立てていましたが、翌日に玉音放送が流れ、日本が終戦を受け入れれば、これまでの体制が一変すると考えたのでしょう。そこで天皇に敗戦を詫びて土下座する写真を掲載し、戦争責任を天皇に押し付けることで、これまで自分たちが国民を煽ってきた事実をごまかそうとしたのです。

朝日新聞は、昭和20年9月18日、GHQによる2日間・48時間の発行停止の命令を受けています。処分理由は「バターン死の行進」について、読者投稿欄に「そのような事実は信じられない」と載せたことと、鳩山一郎議員の「アメリカの原爆投下は国際法違反の戦争犯罪である」という趣旨の談話を載せたからだと言われています。ここから朝日新聞の「大変節」が始まりました。要するに、GHQに媚びるようになったのです。さしあたって創業・社主の村山家と、主筆だった緒方竹虎《おがたたけとら》が排除されました。緒方といえば、自由党総裁を務めるほどの大物政治家であり、戦前は首相を二期にわたって務めた近衛文麿《このえふみまろ》の側近であり、近衛のブレーンを集めた「昭和研究会」を統轄していた人物です。

GHQが9月19日に発令した「プレスコード」、正式名称「日本に与うる新聞遵則（SCAPIN-33)」を利用したのは、朝日新聞労働組合初代委員長の聴濤克巳《きくなみかつみ》という人物でした。日本共産党に所属するエリートでもあった彼は、朝日新聞を、右翼から左翼へと「変節」させ、さらに翌年にはマッカーサーがストップをかけた「二・一ゼネスト」を日本国内で実行します。その後、国会議員になるも、「レッドパージ」で公職追放を食らい、その後は中国に渡航して組織した「北京機関（日本共産党在外代表部)」で「自由日本放送」という地下放送局を開き、対日プロパガンダに加担しています。朝日新聞から中国の対日プロパガンダに加担した人物が出たというのは、面白い展開ですね。つまり、戦前はかなり体制寄りだった朝日新聞は、終戦直後から、共産党の息のかかったエージェントによって、一気に左傾化されてしまったわけです。

このときの洗脳工作がいまだ朝日新聞を支配しているのではないかと思います。

若手記者がリベラルではない（これは「自由主義的な」という古き良き時代の「リベラル」の意味ではなく、「社会主義的」「左翼的」「反体制的」という最近の意味ですが）「まともでバランスのとれた記事」を書こうとすると、ベテラン「老害」記者に潰される。これが日常茶飯事で起きているのではないでしょうか。かつては高額だった給料も発行部数の低下に伴いどんどん下がっていますから、有能な記者ほど嫌気が差して会社を辞めてしまう。朝日新聞の記事はますます劣化するわけです。

実は、私と同じように考えた人たちがいるようで、朝日新聞の社員は入社と同時に「朝日新聞」の記者らしくなるように洗脳されると指摘しています。

くわしくは、週刊誌「アサヒ芸能」（徳間書店）のホームページ「アサ芸プラス」（https://www.asagei.com/）に掲載されている「朝日新聞の記者が〝朝日人〟になる経緯」という記事をご覧になってください。

今や〝ダサい〟マスコミの代表

朝日新聞を含めて、新聞というメディアを支えているのは読者の購読料だけではありません。読者と同じように朝日新聞を根底から支えているのは、企業からの莫大な広告料です。新聞は「第3種郵便物」に指定されているので、紙面の50%まで広告を入れることが許可されています。朝日新聞の場合、朝刊は40面あります。面積にして20面分に広告掲載ができるわけです。

朝日新聞の全5（5段全サイズ=1ページの3分の1）広告は、定価で1500万円くらいだそうですが、新聞の広告料はあくまで「時価」です。ある企業は朝日の全5サイズの広告を300万で出しているといいます。つまり「定価」の5分の1です。それでも他紙に比べると、かなり割高であるそうです。

朝日新聞の広告料がなぜ高額かというと、それは公称約600万部という膨大な発行部数と、「中流インテリ層が読む新聞」というブランド・イメージによるところが大きいでしょう。しかし、新聞の発行部数には「押し紙」と呼ばれる、印刷はされるものの、実際には読者に配られずに、そのまま古紙回収される部数が2~3割含まれることが常識とされています。そして本当に「中流インテリ層」であれば、今ではネット情報によって、近年の朝日新聞がどのような状況なのかを知っているはずです。つまり、朝日新聞を惰性で購読している読者は、ネット情報を活用できない「情報弱者」が中心なのです。

さらに現在、最も肝心なブランド・イメージは完全に崩壊したと言っていいでしょう。一連の不祥事や、それに対する事後処理のお粗末さによるものです。

朝日新聞に広告を入れている某通販会社には、「朝日に広告を出すなら、もうおたくは利用しない」というクレームが殺到したといいます。高い広告料を払って不買運動でもされたら話にもなりません。ビジネスホテルが無料の朝日新聞をロビーに置いておくと、「次に宿泊するまでに撤去していなければ二度と利用しない」と客から言われたり、APAホテルのように、自主的に朝日新聞への広告出稿を中止した会社もあります。日本を貶める姿勢を改めない限り、今後も同じような企業が出てくるかもしれません。

「部数」と「ブランド価値」の2つに加えて、何より報道機関として、日本国民の「信頼」をすっかり喪失した今、朝日新聞は危急存亡の時を迎えているともいえます。

第3章

メディア支配者とNHKという存在

戦後占領状態そのままの共同通信

日本のメディアにおいて、朝日新聞と同じ、いやそれ以上に大きな影響力を持っているのが、共同通信社です。それこそ「朝日新聞」などかわいいもので、大手新聞社をはじめ全国地方紙にまで、多大な影響力を及ぼしています。そもそも共同通信社とはどういう組織なのでしょうか。

「日本最大の通信社。全国の新聞社・放送局を加盟社とし、その分担金で運営される非営利の社団法人。発足は1945年11月1日。その前日の10月31日、第2次世界大戦中の日本の代表的通信社だった同盟通信社が占領軍の戦争責任追及を受けて解散、その業務は2分され、共同通信社と時事通信社に引継がれた。その後52年に朝日、毎日、読売の三大新聞社が脱退するという危機を迎えたが、同年中に3社の外信部門だけは復帰。しかし65年には産経新聞社が脱退した。AFPなどを除く世界の有力通信社と正式の通信契約を結んでいる」(『ブリタニカ国際大百科事典』/ブリタニカ・ジャパン株式会社)

共同通信社の設立には、NHKも非常に深く関わっています。

また、『日本大百科全書』(小学館)に掲載されていた共同通信社の項目を一部抜粋すると、「(前略)共同通信の有力地方紙に対する影響力は非常に大きく、全国紙と競合する県紙は、地元読者に全国的ニュースを十分に提供するため、第1面のニュースなどを非常に高い割合で共同通信の配信に依存しているケースも多い。（後略）」とあり、地方紙の現状を的確に説明しています。その通り、全国の地方紙は主要な政治、経済、社会、文化などの全国ニュースは、共同通信社の配信に頼っているのが現状で、逆に言えば、共同通信の報道のさじ加減ひとつで、全国の地方紙に大きな影響を与えることができるわけです。

ジャーナリスト出身で、今は自民党参議院議員の青山繁晴氏は共同通信社の出身です。そして、ご自身の体験談を「真相深入り！　虎ノ門ニュース」で話されていたことがあります。

「京都の舞妓さんのなり手がなく、このままでは花街文化が衰退する」といったような記事を、青山さんが取材されて執筆したそうですが、その記事が配信された後、全国から舞妓になりたい少女たちの応募が殺到したそうです。いかに、共同通信社の記事に影響力があるかという一例ですが、多くの人は地方紙の記事が共同通信に支えられている構造はもちろん、共同通信という存在そのものを知らないようです。

昨日も今日も明日も、多くの地方紙では、共同通信社からの配信ニュースを転載しています。記事の転載は、「新聞社の命」ともいえる社説記事にまで及ぶ地方新聞もあります。

地方紙の記者は実際に現場に行って取材することは少なく、オリジナルの記事は「お悔み情報」のみ。そんな新聞が情報メディアだと名乗ったり、ジャーナリズムや報道の自由を語ったりするなど、おこがましいにもほどがあります。

しかし、それよりも私が問題視しているのが、実は共同通信社こそ、アメリカが仕掛けたWGIPから始まる「日本国内の情報統制」に、最も呪縛《じゅばく》されたメディアだということです。共同通信社は表に出ることなく、昭和から平成、そして令和になった今も、忠実に「日本国内の情報統制」を実行しているのです。

かつて、GHQは日本人に占領政策の本当の目的や、戦前のアメリカの行動などの真実が知られないように、日本国民に伝えてはならない項目をピックアップし、「プレスコード」(正式名称:「日本に与うる新聞遵則」SCAPIN-33)として、新聞社や出版社、あるいは映画会社などの各メディアに伝えました。

30項目を列挙すると以下の通りです。

①連合国軍最高司令官もしくは総司令部に対する批判
②極東国際軍事裁判批判
③連合国軍司令部が日本国憲法を起草したことへの批判
④検閲制度への言及

⑤アメリカ合衆国に対する批判
⑥ロシア（ソビエト連邦）に対する批判
⑦イギリスに対する批判
⑧朝鮮人に対する批判
⑨中国に対する批判
⑩その他の連合国に対する批判
⑪連合国一般に対する批判
⑫満洲における日本人への取り扱いについての批判
⑬連合国の戦前の政策に対する批判
⑭第三次世界大戦への言及
⑮米ソ「冷戦」に関する言及
⑯戦争擁護の宣伝
⑰神国日本の宣伝
⑱軍国主義の宣伝
⑲ナショナリズムの宣伝
⑳大東亜共栄圏の宣伝

㉑その他の宣伝
㉒戦争犯罪人の正当化及び擁護
㉓占領軍兵士と日本女性との交渉
㉔闇市の状況
㉕占領軍軍隊に対する批判
㉖飢餓の誇張
㉗暴力と不穏の行動の扇動
㉘虚偽の報道
㉙連合軍総司令部または地方の軍政部に対する不適当な言及
㉚解禁されていない報道の公表

ＧＨＱによりプレスコードの遵守を迫られた結果、日本のメディアに許された批判的報道は、自国政府に対するものだけになりました。共同通信社は現在も、このプレスコードを守り続け、メディアの裏側で日本を貶めるメディアの影の主役として暗躍しているのです。

大戦後、ＧＨＱは大財閥の解体に取り組みましたが、メディアについては自分たちが「情報統制」に利用しやすいように解体するのでなく、むしろ管理が容易になる系列下を推進したのでしょう。それが、メディア報道に多様性がないという弊害として、今でも出ているのだと思います。

記者クラブという、国益を害する談合組織

もう一つ、日本のメディアを陰で支配しているのは「記者クラブ」と呼ばれる日本独自の取材機関の存在です。記者クラブという「閉ざされた取材機関」の存在が日本のメディアを歪め、情報統制に加担しているといえます。

記者クラブとは、国会や官公庁などで取材する報道各社の記者が、共同記者会見などの取材活動や相互親睦のために組織した団体です。戦争当時は省庁ごとに存在し、政府が国民に伝えたい情報だけを流す機関でした。

戦後はGHQの指導もあり、親睦団体としての性格を強めましたが、その成り立ちからも既得権益を守るための利権組織になるのは自明の理です。令和になった現在も記者クラブは原則として、新規加入を認めておらず、フリーのジャーナリストが「利権の輪」の中

に入ることを許していません。

彼らが情報を独占するのはもちろん問題なのですが、さらに面倒なのは、メディア側と情報を提供する政府や警察が、持ちつ持たれつの共依存関係にあることです。

まさに「官製談合」の状態ですね。「楽な関係を壊す必要がなぜあるの?」といった体《てい》で、このようなところから、「国民の知る権利」を満たすような、真に必要な情報がつかめるわけがありません。

『トウキョウ・バイス』（ジェイク・エーデルスタイン著）という書籍があります。「アメリカ人記者の警察回り体験記」というサブタイトルがついており、ユダヤ系アメリカ人の記者による東京の闇社会を描いたノンフィクションです。

この本からわかった現実の一つに、「飯や酒をおごらないと情報が手に入らない」ということがありました。アメリカでも、警察組織の「たかり体質」は面倒な話ですし、正直、私なら付き合っていられません。

ホワイトハウスの記者会見には、300人は入れますし、所属メディアの規模で記者を差別したら大変な騒ぎになります。一説では、トランプ政権に批判的なCNNは記者50人分のパスを所有しているそうです。他方、トランプ支持派のFOXニュースは、CNNの無礼や偏向報道を躊躇《ちゅうちょ》なく批判する。いやがおうでも開かれた空間にならざるを得ないのです。

楽な関係でいえば、競争がいらないのも、日本人記者が記者クラブを好む理由でしょう。各社で競争してウチだけスクープを取れないといった状況が、サラリーマン記者としてはいちばんマズイ。その点、一斉に発表してもらい、一斉に流すという記者クラブの「大本営発表システム」は好都合です。同じ情報を聞いて、同じタイミングで報じれば、各社で記事の内容が異なることもなく、批判し合う必要もない。閉鎖的なムラ社会が「お互いの保身のため」に構築したシステムなので、そこには「国民の知る権利」は一切考慮されていないのです。

横並びの情報を右から左に流しているだけでは、深く掘り下げた取材はいつまでたってもできないと思います。取材先の利益に反することを書いて、記者クラブを追い出される気概のあるジャーナリストが出てきてほしいものです。官庁の発表したレジュメと違う記事をスクープした記者が出入り禁止となれば、それこそ「報道の自由の侵害」になりますから、それを材料に堂々と戦えばいいのです。

記者クラブは冒頭で述べた通り、GHQの情報統制と深い関わりがあります。利権組織として機能するのは世界各国、どの業界でもあることなので、必要悪のようなものでしょうが、日本の場合は「国益」を害する点で、少し様相が異なります。

日本では、記者クラブもＷＧＩＰ、日本人洗脳計画の一角でした。ＧＨＱの下部組織だった民間情報教育局（Civil Information and Educational Section 以下、ＣＩＥ）というメディアの統制機関があり、日本国民に戦争への罪悪感と嫌悪感を叩き込んだのです。

ＣＩＥの新聞担当課長のダニエル・Ｃ・インボーデン氏は、表向きは利権組織となった記者クラブを批判しながら、彼らを上手に使いこなしました。ＧＨＱ出入りの記者クラブ「連合軍総司令部記者会」を組織し、有力紙と気に入った記者とたびたび懇談会を開いています。ＣＩＥは記者を通じて、ＧＨＱの意向を日本国民に伝達したのです。

記者たちは、ＧＨＱ肝入りの懇親会のメンバーであるという特権階級や、情報を独占できるという魅力に釣られ、魂を売りました。日本国民の信頼を利用して、その期待を裏切り、ＧＨＱの望むような報道を流し続けたのです

電通という、情報統制装置

「電通」といえば、大学生が就職したいトップクラスの人気企業、「日本最大の広告代理店」です。いや日本はおろか、広告代理店取扱高では、実質的に世界第１位（売上げ総利益は

4位）ともいわれています。

例えば、アメリカではGM社はA代理店、フォード社はB代理店と、会社ごとに契約する代理店が決まっており、複数の同業種企業の広告業務を一つの代理店が行うことなど考えられません。ところが、日本では、電通がトヨタと同時にホンダも、さらには日産の広告業務も取り扱っているのです。業界第2位は博報堂ですが、広告業界全体に占める売上げは2割ほどであり、電通とのシェアは大きく差が開いています。業界6割以上の売上高を誇る電通が、日本の広告業界をほぼ独占しているといっても過言ではありません。

では、その電通はいかにしてメディアに対する影響力を強めていったのか。

戦後の電通は、広告代理店に加えて、民間ラジオ局の設立を働きかけていました。当時の日本で、広告料を取ってラジオ局を運営しようという発想は初めてでしたので、これはGHQの協力なしには不可能な事業でした。GHQ側の窓口はCIE所属のフランク・正三・馬場という日系二世の将校だったといいます。ちなみに彼は、戦時中は短波放送で日本語で宣撫《せんぶ》放送を行ったり、占領時はWGIPの一環としてGHQが企画した洗脳番組『眞相はかうだ』の責任者でもあったという人物です。

電通とGHQの働きかけで、戦後日本には全国に16社の民間ラジオ放送局の予備免許が与えられたのですが、その新設されたラジオ局は電通の影響下にありました。やがてラジオからテレビの時代になると、各ラジオ局がテレビ局開設の主体になりましたから、必然的に電通はテレビ局への影響力も強めていきました。

なぜ、電通がメディアの報道をコントロールできるほどの強大な力を有するようになったのでしょうか。

一つは民間メディアの命である広告の問題です。さらにその影響力を背景に、朝日新聞やTBSグループのように、電通と資本関係を結んだメディアもあります。そして、関係の深まったメディア各社には、電通から「出向」という形で社員が送り込まれるのです。電通という存在もまた、WGIPが生んだメディア情報の統制装置なのです。

今に続く見当違いの占領政策

日本人に自虐意識を植え付けてしまったのは、アメリカをはじめとする連合国です。そもそもアメリカ人にとって日本は、昭和初期に至っても、いまだ開国したばかりの「後進国」のイメージしかありませんでした。

日本は徳川幕府末期から明治初頭にかけ、必死になって欧米列強諸国に追いつこうとし、その後も欧米の植民地政策の真似を続けました。そして、二度の対外戦争で勝利し、第一次世界大戦でも戦勝国となって、列強諸国の一員となったのです。その後、第二次世界大戦が起こり、日米が激突します。アメリカ軍は日本軍に苦しめられました。死を恐れない、日本兵の敢闘精神に畏怖《いふ》と恐怖を覚えたわけです。

その結果、「二度と日本をアメリカの脅威としない」（SWNCC第一条）という方針が、アメリカの対日占領戦略の基本になりました。ちなみに、1944年にアメリカで設置された国務・陸軍・海軍三省調整委員会の略称がSWNCC（スウィンク：State-War-Navy Coordinating Committees）です。

アメリカは歴史を忘却させることこそが、日本国と日本人の衰亡に繋がることを熟知していました。だからこそ、日本の歴史破壊を企んだのです。

日本人は昔から戦争が大好きな民族であるという中国国民党の印象操作も、アメリカを惑わせました。

この「好戦的な民族だから軍隊が強い」という前提が間違っていたわけです。しかし、その根本的な間違いを改めることなく、占領政策の基本として日本人の思想を変えることに重点が置かれ、WGIPが導入されました。さらにGHQに入り込んだ共産主義者は「日本国憲法」をつくり、日本の一層の弱体化を計ったのです。

ここからNHKが片棒を担いで、いや中心的役割を果たして、日本人改造計画が始まるのですが、GHQのトップだったマッカーサーは、アメリカ人が抱いていた日本人観を疑っていたようです。

『世界大百科事典』（平凡社）によれば、彼は「（前略）父の任地がフィリピン、日本であった関係から、最初の任地をフィリピンとしたのち、駐日アメリカ大使館武官の副官として来日するなど、極東の事情に詳しい経歴をもつ軍人（後略）」とあり、マッカーサーなりの日本人観を持っていたことがうかがわれます。

マッカーサーに関しては、朝鮮戦争時に原爆投下を指示した逸話などから、軍人としての器量のなさを問う日本人もいますが、敗戦した日本を新たな国へ生まれ変わらせるべく尽力したことについては、異論を差し挟む余地はありません。

朝鮮戦争での采配はさておき、日米戦争に突入せざるを得なかった日本の立場も、少なくとも戦後のマッカーサーは理解していました。1951年に開かれたアメリカ上院での「軍事外交合同委員会」に出席した際、「（日本が開戦した理由は）主に安全保障上に迫られてのことだった」と述べています。

マッカーサーの占領政策には良かったことも悪かったこともありましたが、それでもソ連に占領されるよりは、よほどましだったと私は思います。ソ連なら天皇を「日本国と日本国民統合の象徴」として残すのではなく、「軍国主義の象徴」として処刑していたでしょう。また、天皇が手本を示す日本人の伝統的な国民性を破壊し、日本の国体と特長は失われていいたに相違ありません。

GHQの最高司令官として天皇と皇室を守り、天皇の不拡大方針を無視した日本の極端な軍国主義化を終わらせて、民主主義の復活へと導いたのは、マッカーサーの功績です。何より、彼は自らの失敗に気付いた後、潔く方針を転換し、まさに身をもって共産主義に立ちはだかりました。マッカーサー率いるGHQには、共産主義にかぶれた将校がたくさん紛れ込んでいました。彼らは日本に「敗戦革命」を起こさせ、日本を共産主義国にすることを目論《もくろ》んでいたのです。その意図を知らないマッカーサーは、当初、日本の軍国主義への対抗勢力として、戦時中は弾圧された共産主義勢力の力を利用しようと考え、彼らを刑務所から釈放しました。しかし、朝鮮半島の緊張が高まったことで、アメリカの真の敵は最初から日本ではなく、共産主義を世界に広げるソ連だったのだと、やっと気付いたわけです。そこからGHQの占領政策の方針転換、いわゆる「逆コース」が本格化します。

昭和25年（1950）、マッカーサーは日本共産党員と党支持者を公職や企業から追放しました。期間中、公務員や民間企業において、およそ4万人が失職したといわれています。いわゆる「レッドパージ（赤狩り）」です。

愛国心を否定するマインドコントロール

アメリカが見当違いの占領政策を行ったことは間違いありません。その見当違いの最たる例がWGIPなのですが、いまだに日本の大手メディアと教育界は、後生大事にその教えを守っています。それどころか、大マスコミが率先して守っている状況です。いや、守っているどころか、彼らは今もWGIPを金科玉条《きんかぎょくじょう》とし、日本国民に「自虐史観」と「軍事アレルギー」を正しいこととして伝えているのです。どうやらGHQは、日本のメディアと教育界の「逆コース」には力を入れなかったようです。日本に共産主義が蔓延《まんえん》するのは困るが、日本が再び軍事強国になることも避けたい。ジレンマの中での妥協策として、アメリカ国内とは違って、GHQも共産党の違法化には踏み込めなかったということでしょう。

前述したように、電通とともにNHKは、戦前や戦時中の日本を糾弾する『眞相はかうだ』というCIE台本の番組を制作・放送しました。以降、戦後70年を経た今もこの方針、あるいは放送スタイルを堅持し、変えることはありません。

NHKの放送史（『20世紀放送史』）には『眞相はかうだ』という番組を制作したことは載せていますが、「GHQに命じられて制作した」という被害者的なスタンスを崩さず、

ＧＨＱがどのような目的で番組を制作させ、放送させたのかについては、ＮＨＫは口をつぐんでいます。

この『20世紀放送史』でＮＨＫは、ＧＨＱの検閲のすさまじさを語っていますが、私にはＮＨＫのアリバイづくりに見えて仕方ありません。何しろ自分たちも「洗脳工作」に一枚も二枚も噛んでいますからね。当時の方針を改めて、国民に真実を伝える態度でも見えるならまだ納得のしようもありますが、そのような素振りはありません。余計なことをして反感を持たれ、国民に受信料の支払いを拒否されでもしたら、職員に高い給料が払えなくなりますから、彼らが当時の真相を積極的に語ることはないのです。

よって、「自分たちＮＨＫが日本国民をいちばん騙していた」という反省は、一部の職員にはあるかもしれませんが、ほとんどの人にはないでしょう。

現在、東京都千代田区にある国立国会図書館で、『眞相はかうだ』の番組台本が見られます。図書館の公式ホームページではネット公開もしていますので、興味がある方は検索し、ご覧になるといいでしょう。虚実を上手に織り交ぜて制作されていることがわかります。

ＮＨＫをはじめとするＧＨＱの意向を受けたメディアの洗脳工作によって、「滅私奉公《めっしほうこう》（私心を捨てて公のために尽くすこと）」や「七生報国《しちしょうほうこく》（何度生まれ変わっても、国のために尽力すること)」が当たり前だった日本人から、愛国心が奪われました。

中国や北朝鮮のような国は独裁国家ですから、「言論の自由」がないのは、まだわかるのです。国家や指導者の悪口を言えば罪に問われる。それに比して、日本は民主主義国家ですが、逆に、国や指導者のためになるようなこと、「日本は最高の国であり大好きだ」というような愛国的発言を、他人の前で口にできない空気がいまだにあるのです。

その雰囲気を醸成しているのは、大手メディアです。空気ではなく暗黙のルールと言ってもよいのですが、例えば、小・中学校の卒業式で国旗である「日の丸」を掲揚したり、「君が代」を歌ったりするのは正しくないといった、耳を疑うような言動が教員やPTAの役員から発せられ、それが記事となって掲載されるのです。

私からしますと、そのような態度を表明する人は、もはや日本国民とはいえません。以前から不思議なのですが、安倍首相が海外の訪問先で大歓迎されたりするニュースを、なぜNHKは放送しないのか。日本は世界中から尊敬され、期待されている国です。その事実をわざと知らせようとしないのだから、これはWGIPの一環なのでしょうか。

日本人は戦後、GHQが制定したプログラムに、いまだに縛られています。そのマインドコントロールの呪縛が解けないように、魔法をかけ続けているのが、NHKをはじめとする大手メディアなのです。ここが大問題です。

例えば、『眞相はかうだ』で報じた事柄の検証番組を制作することでもかまいません。当時の日本人が洗脳された仕組みを番組で解明し、平成を生きた日本人たちに警鐘を鳴らしてほしい。もちろん、NHKができないなら、民放でもかまいません。

この問題に気がついたメディア人が積極的に立ち上がり、今もなおGHQに縛られている日本国民の意識を解放し、自虐史観や軍事アレルギーを克服することを望みます。

NHKに入り込んだ戦後利得者と左翼

GHQの占領プランは、1951年9月8日にサンフランシスコ講和会議での「平和条約」の調印で終了しますが、その政策を受け継いだのが日本の左翼でした。

とりわけ、彼らの活動は、マスコミ業界や教育現場で顕著となります。

彼らは、戦前に要職についていた人たちが「公職追放」で社会的地位を奪われ、その立場に入り込むことで台頭しました。戦前、彼ら左翼は冷遇され、弾圧されていましたから、戦前・戦中の日本の行動を声高《こわだか》に否定し、日本人たちに反省を促しました。

GHQが実施した検閲に関して、NHKはほとんど触れることがありませんが、あるとき、次のような内容の番組を放送しました。

「個人の手紙を開封するのは闇市の取り締まりのため」

GHQの検閲は仕方なかったとでもNHKは言いたいのでしょうか。戦時下でもなく、ましてや監視国家でもあるまいし、手紙を開封するというような個人のプライバシーを無視した行為をしてよいわけがありません。第一、この程度の検閲で闇市がコントロールできるなら、子供にもできます。「ポツダム宣言」でも「日本国憲法」でも禁止されていた検閲を、GHQはWGIPの実施のために、英語が得意な日本人の検閲官を5100人余りも超高給で雇って、広範囲に行っていたのです。こうした事実を、NHKは矮小化《わいしょうか》しようと考えて、この番組を報じたのではないでしょうか。何しろ日本人検閲官のリーダー格だったという東大教授の高野岩三郎は、戦後NHKの初代会長になった人物ですから。

NHKは、なぜ戦後70年以上経った今に至っても、『眞相はかうだ』の検証番組など、戦後のGHQ占領の裏側を探る番組を制作しないのでしょうか。

多くの日本人は、GHQの占領政策の表と裏で何が行われていたのか、真相を知りたいはずです。前節でも述べた通り、資料はそろっています。今すぐにでも検証は可能です。公共放送を名乗るNHKだからこそ、こうした検証番組は必要でしょう。

それができないというのなら、早急にＮＨＫの組織改革に取り組むべきです。少なくとも、組織の規模が大きすぎて機能不全に陥っているのは事実でしょう。受信料の徴収方法や職員の高額給与など、でたらめも多い。日本の公共放送とは思えない偏った報道姿勢に、存在意義にすら疑問が投げかけられています。

これがイギリスの国営放送「ＢＢＣ（British Broadcasting Corporation）」だったら、どうでしょう。

ＢＢＣが今のＮＨＫのような状況であれば、イギリスの国会で必ず解体論が議題に上がります。すぐさま解体委員が決まり、ＢＢＣのトップである総裁は時を経ずに国会に呼ばれ、組織管理能力に問題があればクビを言い渡されるでしょう。

私との対談本もある作家の百田《ひゃくた》尚樹《なおき》氏は、ＮＨＫ経営委員を務めた経験もお持ちですが、「あまりに巨大すぎて、総裁を変えたとしても、新総裁の言うことを内部の職員が素直に聞くようになるまで、最低でも2年かかる」と話していました。病根は深いですね。

ＮＨＫの解体は早い方がいいと私は思います。役員たちが天下る子会社を複数設立し、「受信料」という税金のような利益をグループ内でキャッチボールする「利権コンツェルン」と化しているからです。それに何といっても、ＮＨＫは戦後の日本人を騙してきた主犯格なのですから。

私が解体論を持ち出すのは冒頭に述べた、左翼の思想を持つ人々の存在もあります。NHKの内部には戦前・戦中の期間、冷遇されてきた日本の左翼が多数入り込んでいます。例えば、「南京大虐殺」の話ひとつとっても、NHKの報道は偏向しているといわざるを得ません。

NHKが放送した同テーマの番組は、当時のソ連と中国共産党が結託し、撫順《ぶじゅん》戦犯管理所（中国撫順市にあった捕虜収容所）にいた旧日本軍兵士の体験談をベースに制作されていました。彼らは解放されて帰国した際、南京で大虐殺が行われたという話を口にしたのです。

旧陸軍の兵士たちの一部が、ソ連や中国によって、洗脳されていたことは間違いありません。その後、彼らは「中国帰還者連絡会」と呼ばれる会を結成していますが、元兵士の語る話は明らかに中国やソ連の主張そのままでした。

元日本兵は洗脳の被害者ですから同情の余地もありますが、彼らの話は、ソ連や中国共産党のバイアスがかかっていると、まともなメディア人なら気が付くはずでしょう。ですから、「そんな事実はない」と主張する元日本兵も一緒に出演させて、番組内で議論させるべきなのです。それなのに、NHKは「南京大虐殺はあった」という鵜《う》呑《の》みにすべきでない証言だけを、そのまま放送したのです。

仮に局員の多くがＮＨＫが偏向放送している事実を知らないというならまだしも、制作現場の上にいる立場の人々は知っていて意図的にやっているのですから、質《たち》が悪い。ＮＨＫは「公共放送」のはずですが、まったくもって中立公平ではありません。これではアメリカを代表する左翼メディア「ＣＮＮ」と何ら変わりません。

アメリカのメディアは旗幟を鮮明にしていますから、もちろん中立でなくともよいのです。日本テレビの巨人戦中継と同じで、我々視聴者はその分、主張を差し引いて視聴すればよいだけの話です。

しかしながら、ＮＨＫは違います。公共放送を名乗るなら、偏向報道はアウトです。

さらにＮＨＫが近年、ますます悪くなっている理由は、偏向報道だけではないようです。オリンピックなどの利権がらみで裏金をつくっていたと、元ＮＨＫ職員で政党「ＮＨＫから国民を守る党」代表の立花孝志氏が内部告発しています。立花氏は、２０１９年７月の参議院選挙では予想を覆し、99万票を集め、比例代表で当選しました。もし、立花氏の主張がすべて真実であれば、もはやＮＨＫは、利権で腐敗した発展途上国の官庁のようです。

話は脱線しますが、ＮＨＫは番組制作にかける予算がとても潤沢なくせに、出演者に支払うギャラは安いです（笑）。「真相深入り！　虎ノ門ニュース」で話したこともあるのですが、かつて大河ドラマ『山河燃ゆ』に出演したのですが、その出演料が、放送１回分につき2万円でした。週に2日間拘束されたうえでのギャラです。あの頃、私が所属する弁護士事務所は、カリフォルニア弁護士の法律相談料として1時間につき3万4000円の報酬を受け取っていました。

ただし、当時俳優としての経験がほとんどなかった私は、大河ドラマに出演したという経歴をつくることによって、数々の他の仕事を獲得することができたので、十分もとが取れる「先行投資」と考えました。

私のギャラの話はさておき、日本人の多くの方が「NHKは良心的で公平だ」と信じて、いや、信じ込まされています。立花孝志氏の実体験に基づく内部告発は、NHKの正体に気が付くよいチャンスだと思います。

始末に負えない、ふんだんな予算

「お金があるのにシブチン」という世間一般の話題なら笑い話ですみますが、NHKはそれではすみません。何といっても、彼らにはふんだんな予算があります。

それも収入源は国民であり、放送法の大改正が行われない限り、ほぼ永久不滅の固定財源です。スポンサーを集めなければ番組の制作費も出ない、経済動向に左右される民放とはこの点が決定的に違います。

民放各局は、ケーブルテレビやインターネットなど、他のメディアとの競合の中、テレビ自体の視聴率が下がり、予算であるスポンサーからの広告費も減る一方なので、必然として制作費も削られています。

お金の問題ばかりではありませんが、やはり、潤沢な予算がなければ、いいものは作れないでしょう。当然、番組の質にも影響してきます。ニュース番組も独自の取材費をかけられず、他社の情報をもらい受け、そのまま放映するだけのような番組も増えています。

顕著な例が、各局とも似たようなバラエティ番組の増加です。今やゴールデンタイムといわれる夜の時間帯は、お笑い芸人をかき集め、しょうもないゲームやクイズをやらせる番組ばかりになってしまいました。予算が少ないから、安いギャラで長時間労働してくれる駆け出しの芸人に頼らざるを得ないのでしょう。

結果、お金と手間暇のかかるドキュメンタリーや、豪華な出演陣を揃えるドラマなど、良質な番組が民放のテレビ番組から消えていったのです。

その点、ＮＨＫはそういった心配をまったくしなくていいわけです。よって、視聴率は取れなくても、予算をふんだんに使ったハイクオリティな番組だって制作できます。

それなのに報道番組の海外情報に関して言えば、世界中に支局があって特派員を置いているはずなのに、CNNやABCのニュースを引用するばかりで、独自調査をしません。2016年のアメリカの大統領選挙において、NHKはもっと独自の現場取材をすべきでした。アメリカのメディアはヒラリーで決まりと疑いもしませんでしたから、アメリカ国民の実情を探る取材がどこのテレビ局もできなかった、いやしようとしませんでした。その点、日本のメディアなら公平中立な調査取材ができたはずなのです。

実は、この件については私自身も独自の調査をしなかったことを恥じています。2016年の早い時期にトランプは共和党の大統領候補にはなれないと、私はNHKの番組でコメントしたのです。その後、アメリカに帰国した際に、生の声を聞く機会がありました。アメリカに住んでいる人々の実際の声と、大手マスコミを通して日本まで流れて来る「アメリカの世論」とされる声が、あまりにも違っていたことに気付いたのです。きちんと現地取材さえすれば、生の声を体感することは、さして難しいことではありません。

NHKは私と同様、日本を代表する放送局として、大いに恥じるべきだと思います。

NHKを解体する方法

NHKは、多くの子会社のような組織を抱えています。商法上は別組織なのでしょうが、もっと我々の目に見えるように資本や人事を切り離して透明化すべきです。

NHK制作のドキュメンタリーや、ドラマなどのアーカイブ素材を販売する会社があります。歴代の大河ドラマのDVDを売っているのです。

これらの映像は全部無料で公開すべきでしょう。「DVDにまとめましたから買ってください」というのは、どうにも釈然としません。制作費は私たち日本に住む視聴者から「搾取した」受信料なのですから、正直なところ、NHKのオンデマンドやDVDにお金を払うのは、二重取りされるような複雑な気分です。NHKは制作した番組を悪びれもせず民放にも払い下げていますが、これも民放から使用料を受け取っているのだと思います。

本来、儲けを度外視してよい放送局のはずなのに、なぜ商業主義に走るのか。どうにも解《げ》せませんが、恐らく一部の役員や職員が私腹を肥やすためにやっているのでしょう。それくらいしかNHKが金儲けをする理由は考えられません。

例えば、官庁の天下りに対しては批判キャンペーンを行う一方で、NHKのお偉いさんたちは退職後に子会社のポストに収まったりしています。ダブルスタンダードもいいところで、ある意味、国民やメディアの監視が甘い分、官庁よりタチが悪い。

また、彼らが用意周到というか、悪だくみが上手なのは、こういったことを正そうと政府が動き出すと、「言論の自由」を持ち出すのです。

NHKは天下りにしても、受信料にしても、多くの問題を抱えていますから、私はかつての国鉄のように解体するのがいちばんいい手だと思っています。

ただし、この手も一筋縄ではいかないようです。

NHKは公共放送であるが、国営放送ではないというトリック。国の所有ではないから内閣や国会の議決では、NHKの処遇を決められないのです。国会で放送法を改正しない限り、NHKの受信料徴収特権は奪えません。彼らはこのトリックを使い、政府に手出しをさせないようにしています。本当にしたたかな組織です。

ですから、私なりに手立てを考えてみました。

NHKも放送法には縛られていますから、まず放送法を正す。そのうえで国会が解体に乗り出す。やはり、ここで国会議員がさぼったり、ビビッたりしていては何も始まりません。国民が声を挙げることで、国会議員も重い腰を上げることでしょう。

「紅白歌合戦」や「大河ドラマ」といった日本人らしさを表現するような番組が目くらましに使われ、終戦直後から継続している裏の顔がわからなくなっています。

何度も言いますが、NHKは即刻、解体すべきです。

事実を知ったうえで見る、という姿勢

アメリカでNHKにあたる放送局は、「PBS」になります。「Public Broadcasting Service（公共放送番組提供協会）」。日本では、子供向け教育番組『セサミストリート』の制作局として知られているかもしれません。1969年に設立されました。

放送局の主張は、若干「左」に傾いています。ちょっとお高くとまっている感じで、昔の言葉で言いますと「インテリ」が好むような放送局です。下品なCNNと違って、同じ左でもPBSには品格があるのです。

番組のクオリティは高く、私も来日した頃は米軍放送を通して視聴していました。

政府が補助金を出していますが、基本的に経営は一般からの寄付金で成り立っています。ですから、政府もPBSには口を出せません。民主党はもう少し深くまで経営に携わりたいようですが、共和党が補助金の打ち切りをほのめかすので、結局、両党の意見はまとまらず、現在のような経営が続いているのです。

ここが大事な部分です。公共放送には公平さが求められますが、多少「左」寄りのバイアスがかかっていても、視聴者がそれを理解していればいいのです。この「事実を知ったうえで見ている」という部分が大切なのです。

ＮＨＫはその点で言えば、公平中立を謳う公共放送でありながら、偏向しすぎています。私もＮＨＫがＰＢＳのようになるのなら文句はありません。

第4章

もはやエラくもなんともないテレビメディア

みんな実感している地上波テレビの質の低下

それにしても、皆さんは昔に比べてテレビ番組の、特に地上波テレビの報道番組のクオリティが落ちたように思いませんか？

以前のプライムタイム（午後7～11時）は、だいたいの人が地上波テレビの放送を見ていたのですが、今では地上波テレビを視聴している人は少数派になっています。

多くの人が、テレビ受像機の電源は入れているものの、その画面にはＨＤＭＩ端子に繋がれたセットトップボックスを経由して、ケーブルテレビやネットテレビの番組が映っているのです。さらに、パソコンやスマホの画面で、YouTubeやニコニコ動画などの動画サイトや、ウェブニュースを見ている人も多い。要は、かつて昭和の中頃に、ニュース映画とラジオ局にまったく同じ現象が起きたように、今や地上波テレビという「メディアの王様」は、情報源としての優位性を失い、メディア業界における絶対的な地位だけでなく、その存在意義すら揺らいでいるのです。

こうなると当然のことながら、スポンサー側は新しいメディアにも積極的に広告を出します。ですから、テレビ広告のために出す金額はもちろん減ります。地上波テレビにしてみれば、広告収入の減少は制作費の減少に直結しますから、現実問題として、ますます良質なテレビ番組が作りづらくなっていきます。

私自身、昭和58年（1983）から地上波テレビに出演していますから、明らかにお金をかけられなくなった制作現場を実感しています。これはデフレの影響や一時的な現象ではなく、技術革新とインフラ整備、視聴者の生活や意識の変化などに伴う、構造的で不可逆的な現象です。

アナログから地上デジタル、そして4K・8Kへと、画質の向上に反比例するかのように、テレビ番組のクオリティが昔に比べて劣化している現実に、今や誰もが気付いていることでしょう。それと同時に、報道内容の劣化も噴出してきました。特に、誰かが発表した事実を、検証や追加取材することなく、そのまま垂れ流す無責任な報道が目立ちます。

例えば、市民デモがあった場合、その参加者数は「主催者発表」という「免罪符」さえ唱えれば、実際の数字と何倍もかけ離れていても「我々の責任ではない」という態度なのです。彼らには「国民に真実を伝えたい」「嘘を報道したくない」という気持ちがないのでしょう。ちなみにNHKは『時論公論』というニュース解説番組で、沖縄県の反米軍基地デモの、明らかに水増しされた参加者数について、「主催者発表」とすら断らなかったことがあります。その事実を私が「真相深入り！　虎ノ門ニュース」で指摘したところ、その日のうちにNHKは、番組ウェブサイトの文章中に但し書きを付けることもなく、「主催者発表」という言葉をこっそり追加していました。とにかく最近の日本のマスメディアは仕事が雑すぎます。

こうした現状では、テレビ業界そのものが衰退するのは、当然の帰結と言えます。

多チャンネル化を既存テレビ局が恐怖する理由

いま、最新型テレビのリモコンボタンの多くには、「Netflix（ネットフリックス）」や「YouTube（ユーチューブ）」などが搭載されるようになりました。ネットフリックスというのは、アメリカ発のオンデマンドのネット放送サービスですが、そこでは多種多様なコンテンツが提供されています。これはある意味、アメリカの「ポリティカルコレクトネス（政治的・社会的に公正かつ中立的で、差別や偏見が含まれていないという考え方）」という文化の中、必要に迫られて育まれたサービスです。つまり、自分の意志で番組を見たい人のみに、好みのコンテンツを提供するというスタイルです。

同じ時間帯に、同じ番組を、家族みんなで見るという従来のテレビの方式は、家族全員が自分専用の受像装置を所有する現代人のライフスタイルに合わなくなりました。かつては国民の共有財産である「公共の電波」を利用しなければ、音声や映像を不特定多数に届ける「放送事業」は不可能でした。しかし現在は、世界中に高速インターネットが普及して、スマホが一台あれば4K映像を生中継できるまでに進歩したのです。結果、自分の好きな時間に、自分の好きな番組を、好きなように見るというのが、テレビを含む映像メディアの現在のありかたです。地上波テレビ局もそれに対応するしか生き残る道はないでしょう。

こうした方式だと、視聴者自身がコンテンツの利用代金を支払うことになるので、提供側は当然、視聴者本位の番組制作を意識することになります。

これまでのテレビ番組は、制作者本位というしかありませんでした。特に多くのバラエティ番組は、出演者とその関係者が「お友達のノリ」で悪ふざけをしているとしか思えません。若いときはそのように排他的な「内輪ウケ」を好む傾向がありますが、社会人になると大抵の人が卒業します。

ネットフリックスは、日本を含む全世界の有料会員数を急速に伸ばしています。2018年12月末の有料会員数は、前年より26％増えて、1億3926万人に達したそうです。本国アメリカ以外の伸びが大きく寄与しているそうですが、それぞれの国に合わせたコンテンツのほかに、同社が制作するオリジナル映画の広がりが成長に繋がっています。

創業者であるリード・ヘイスティングスCEOは、2019年1月17日の決算発表に際し、ビデオメッセージで次のように述べています。

「有料会員の毎週の伸びは着実だ。ネットを通じた娯楽市場の成長は素晴らしく、我々は、必要とされることに応え続けている」(2019年1月15日朝日新聞DIGITAL)

ネットフリックスの有料会員数は、アメリカでは前年比約11%増の5849万人でしたが、国際市場では8077万人。約40%増という急激な伸びを見せています。

同社はすでに、世界190を超える国や地域にサービスを広げており、国際化路線で確実に成功を収めているといえます。

地上波テレビでは、録画する以外に視聴する時間を調整できないうえ、見たくもないCMが流れてくる。逆にスポンサーの立場になって考えると、録画された番組はCMをスキップされる可能性が高く、昔ほど宣伝効果が得られない。要するに、民放地上波テレビ局が謳歌してきた「スポンサーの宣伝広告費に依存したビジネスモデル」は、映像配信技術の革新的進歩により、もはや崩壊寸前なのです。

ネットフリックスのような映像配信サービスでは、視聴者は録画の手間をかけることなく、見たいものを好きなときに選択できるうえ、多種多様なコンテンツを楽しむことができます。そしてコンテンツを提供する企業は、スポンサーからの広告宣伝費ではなく、ユーザーである視聴者から直接収益を得ます。映画や演劇、コンサートやスポーツ観戦など と同じなのです。今後はこのようなシンプルな課金スタイルが、もっと一般的になるでしょう。

ケーブルテレビが日本より断然普及しているアメリカでは、膨大な数のチャンネルが存在します。ユタ州にある我が家も、もちろんケーブルテレビの契約をしています。全部数えたことはありませんが、ざっと400チャンネルはありそうです。もし全局と契約したら、1局3秒ずつザッピングしても、1周するのに1200秒、つまり20分もかかるのです。

その分、日本とは対照的に、全国規模の地上波テレビ局は日本より少なく、代表的な民放は「3大ネットワーク」になるでしょう。ABC、CBS、NBCです。しかし、アメリカ国民の多くはもはや、電波を通じた地上波テレビ放送ではなく、光ファイバーケーブル経由で、すべての映像配信サービスを見ています。ですから、伝統ある「3大ネットワーク」といえども、400分の3にすぎないわけです。ちなみに、アメリカ人にいちばん人気の番組はスポーツ系です。ウォルト・ディズニー・カンパニー傘下のスポーツ専門チャンネル「ESPN」が断トツの第1位です。

膨大なチャンネル数があるうえに、アメリカ人は他人の真似が大嫌いなので、ジャーナリストや報道関係者を名乗る人々は、必ず独自取材を行います。ですから、アメリカ国内の情報源の数は無尽蔵といってよく、利用者の我々には多種多様な視点の選択肢があるのです。

トランプ大統領と同じく、「CNNはフェイクニュースばかりでけしからん」と思えば、「フェア&バランス」をスローガンにする保守的な「FOXニュース」へと情報入手先をチェンジできます。日本と違って各放送局は、親会社が新聞社ということはないですし、大手通信社の配信に過度に依存することもなく、独自に情報を収集して報道しています。だから同じ出来事を報じるにも、放送局ごとに色が異なるのです。

その点、日本の放送局はみな玉虫色です。いや、大半の番組が日本の「国益」など眼中にない左翼的思想で制作されているから、真っ赤に近いかも知れません。どちらにせよ共同通信とまったく違う報道をするのは産経新聞くらいですが、テレビは「フジサンケイグループ」のフジテレビですら独自の色がなく、全部同じ色に見えるのです。

私は、トランプ大統領の能力や実績について一切評価せず、常にマイナスイメージしか報じないNHKは「けしからん」と思います。ただし、「チャイナ・ニュース・ネットワーク」と揶揄されるCNNを、アメリカの代表的報道機関だと勘違いしている他の民放も大差ないのです。アメリカの情報を多角的に知りたいときに、日本ではどのチャンネルを見たらよいのか、私はまったく途方に暮れてしまいます。

　ですから、このような現状を打開するために、日本でもケーブルテレビ局やネットテレビ局にますます発展してほしいと思います。しかし、残念ながらまだまだ既得権益が強い分野のようで、陰謀論をことさらに言うつもりはないのですが、ケーブルテレビ局が力を持たないように、大手メディアが裏で手を回しているのではないかと思うほどです。

　日本では、BS放送が始まったときも、なかなか新規参入ができませんでした。NHKがBS1とBSプレミアム、民放はBS日テレ、BS‐TBS、BSフジ、BS朝日、BSテレ東と、せっかく増えたBSのチャンネル枠の大半を「キー局」が独占的に利用しています。しかも、BS各局の放送内容を見ると、再放送とテレビショッピング、韓流ドラマばかりが目立ちます。稼ぎ頭である地上波の熾烈《しれつ》な視聴率競争を邪魔したくないから、各局ともわざと魅力のない「電波の無駄遣い」みたいな番組ばかりを流すのでしょうか。日本の放送媒体の現状は、視聴者の利益をまったく考えようとしない、本当にひどい状況だと思います。

　いまだに日本のテレビ業界は、横並びの内容を一方的に視聴者に流し続けるだけの、旧態然とした状況が続いています。時代の変化に対応できていないというか、そもそも対応するつもりがないようにみえるのです。それゆえ、テレビという存在そのものの地盤沈下が始まり、それが報道内容の劣化にも繋がっているのではないかと思います。

テレビの影響力は長期的に低下していますし、今後ますます低下することが確実です。現に日本のテレビメディアは、これまでずっと安倍政権を叩き続けてきました。これが昭和の時代であれば、とっくの昔に倒閣に至っています。しかし、今はネットから情報を得る「メディアリテラシー」の高い人が増えているので、安倍政権は高い支持率を維持しています。それに「世論調査」がアテにならないという事実も徐々に知る人が増えています。

それでも、テレビがもつ瞬間的な印象操作・偏向報道の影響力は、まだまだ無視できません。平成27年（2015）の安保法案の際の報道のように、1日24時間ずっと、「安保は怖い」「戦争の危機だ」と、ニュースからワイドショーまで横並びに、あらゆるメディアが報道すれば、メディアの偏向ぶりや、目的を知らない視聴者は騙されてしまいます。

NetflixやHulu（フールー）のようなサービスは、視聴者が直接利用料を支払ってくれるお客様なので、当然ながら視聴者本位のコンテンツを提供しようと努力します。少しくらい表現が過激だったり、番組内容が政治的に偏向していても、コンテンツを提供する側は「公共の電波」を利用していないので、「見たい人だけ見ればよい」というスタンスを盾にして、自由にやれるわけです。

「B to C」（Business to Consumer／企業と消費者）の関係で商売が成立するこうしたサー

ビスに対して、今の民放テレビの収益構造は「B to B」(Business to Business／放送局とスポンサー企業)の関係で成立しています。この「B to B」が成立する背景として、視聴率の獲得とスポンサーの要望があります。逆に、スポンサーが気に入る番組内容と、納得してくれる程度の視聴率さえ取れれば、テレビ局に金を払わない視聴者の声はどうでもよいことになります。そして最近は、その視聴率が構造的にとれなくなっているのです。

今後はインターネット経由のサービスが映像媒体の中心になっていくことでしょう。現に日本でも、小・中学生や高校生たちは、地上波テレビを視聴する時間よりも、ネット媒体でYouTube動画を視聴したり、ネットゲームに費やす時間の方が長くなっています。この流れは、もはや誰にも止められないと思います。

記憶にとどめるべきテレビの黒歴史

テレビを筆頭とするメディアは、国民に対して「巨大な影響力」を、言いかえれば「主権者の心を動かす権力」を保持しています。例えば、国会議員が不祥事を起こしたとき、自民党所属議員だとワイドショーが毎日のようにしつこく叩いて辞職へ追い込みます。ところがその人物が野党所属だと、ほとんど何も追及されない。そんなシーンを私は何度も目にしてきました。しかし日本では事実上、テレビ局などのメディアの権力は、なんらの監視や制限も受けてきませんでした。「言論の自由」という美名の下で、特権階級のごとく驕《おご》り高ぶり、恥ずかしげもなく権力を濫用する者が、腐敗して堕落するのは世の常です。

日本のテレビ史を語るうえで、最悪レベルの事件の一つが、平成元年（1989）に発生した「坂本弁護士一家殺人事件」です。6年後に地下鉄サリン事件を実行するオウム真理教の幹部が、オウム問題に取り組んでいた弁護士の坂本堤氏とその家族を殺害した事件です。TBSがとったとんでもない行動が、悲劇の引き金となりました。

TBSはオウム問題を取材するため、坂本弁護士にインタビューを行ったのですが、それを知ったオウム幹部が放送を中止させようとTBSへ抗議に行きます。その際、収録した坂本弁護士へのインタビューのビデオを、番組プロデューサーがオウム幹部に見せます。このビデオの内容が、坂本弁護士一家殺害の決意にどの程度の影響を与えたのかは不明ですが、坂本家の自宅住所を入手したオウムは、1週間後に凶行に及んだのです。

TBSの行為を刑事罰に問うことは困難です。しかし、テレビ局や報道機関としての道義的責任は最大レベルです。TBSがこの一件を警察に早く知らせていれば、地下鉄サリン事件を含む、数多くの凶悪事件の発生を、未然に防げた可能性が十分あったからです。

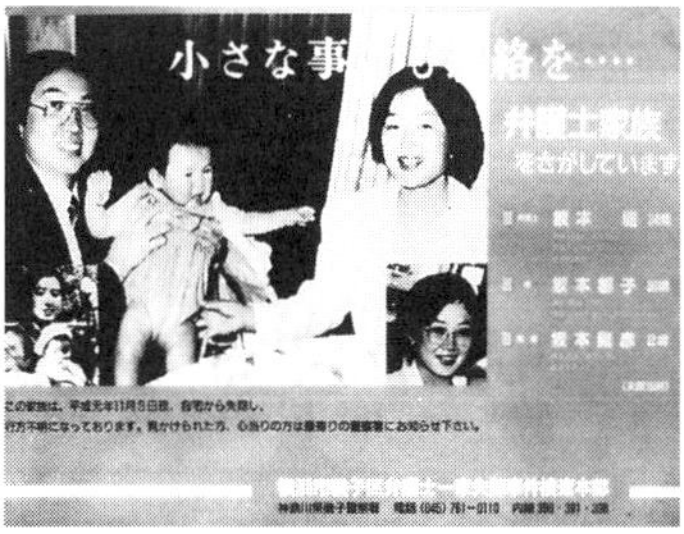

坂本弁護士一家失踪の情報を求めるポスター
©毎日新聞社/アフロ

平成元年10月当時、オウム真理教にはすでに、多くの若者が財産を投じて入信していました。出家信者の家族らは「オウム真理教被害者の会」を立ち上げて、社会問題として訴えていましたが、会の設立に尽力したのが坂本堤弁護士でした。坂本氏は、オウム真理教の宗教法人認可の取り消しを求める民事訴訟を準備しており、この訴訟提起を回避したいオウム幹部と、事務所で直接会って交渉したこともありました。

TBSが収録したインタビューで、坂本氏は当然ながらオウムへの批判を述べるわけですが、番組プロデューサーは、抗議に来たオウム幹部に対してインタビュー映像を見せただけでなく、そのことを秘密にするよう約束させています。取材源の秘匿《ひとく》はジャーナリズムの基本原則ですから、プロデューサーにも一応の罪悪感はあったということでしょう。

坂本一家は殺害後に遺体を持ち去られていたので、事件直後は「失踪」ということになりました。当時からその勧誘手法や閉鎖性から怪しまれ、この失踪事件にオウムが絡んでいるのではないかという疑いは当然ありましたが、社会秩序全体の破壊を目論む危険団体とまでは思われていませんでした。中沢新一氏や島田裕巳氏といった著名な宗教学者が、麻原彰晃を新しいスタイルの宗教指導者として称揚する動きもあったくらいです。

6年後の地下鉄サリン事件の後、警察はようやくオウム関係者及び関係施設への一斉捜査を行い、それまで見えなかったオウムの実態が次々に明らかとなりました。坂本一家がオウムの手で殺害されていた事実は、他の捜査の際に実行犯の一人が自供した場所で遺体が発見されたので、初めて確認されました。つまり、オウムが地下鉄サリン事件を起こさなければ、坂本弁護士一家殺害事件は迷宮入りになっていたかも知れません。さらにいえば、TBSがオウム関係の情報を警察に早く出していれば、警察はオウムの危険性に気付き、本格的な捜査を始めることで、一連の未曾有の悲劇が防げた可能性もあったわけです。

坂本弁護士へのインタビュー映像をTBSがオウム幹部に見せていた事実が明るみになったのは、地下鉄サリン事件のさらに半年後、平成7年（1995）10月の日本テレビの報道番組においてでした。これに対してTBS側は当初、事実無根だとして、この放送内容に反論し、正式な抗議文まで出しました。翌年の3月19日に衆議院法務委員会に参考人招致されたTBSの常務も、「社内の調査では、見せたという事実は出ていないと確信しておる次第でございます」と証言しています。普段は公権力に対して「真実を追究する」と言っているのに、自社が関わる事件になると、おざなりな内部調査でごまかそうとしたわけです。しかし、その後間もなく、実際にTBSでビデオを見た元オウム幹部の証言の全容が明らかになり、TBSも事実を認めざるを得なくなりました。TBSの磯崎洋三《ひろぞう》社長は謝罪会見を行い、後に辞職へと追い込まれます。3月25日、夜の看板報道番組『ニュース23』でメインキャスターを務めていた筑紫哲也氏が「TBSは今日、死んだに等しいと思います」と発言したことをご記憶の方も多いでしょう。

地下鉄サリン事件後、社会のオウム真理教への評価は一転しました。これは結果的に見れば、メディアや知識人が一つの犯罪集団を応援していたことになります。情報不足といった面はあるのでしょうが、発生した結果に対する責任の取り方が十分だったかと問われれば、納得できる人は少ないと思います。

例えば、松本サリン事件の際に、重傷を負った被害者の家族である河野義行氏を犯人と決めつけた冤罪報道当事者の一人に、当時TBS『ニュースの森』でキャスターを務め、生番組で河野氏を犯人と決めつけて追及した元TBSアナウンサーの杉尾秀哉氏がいます。現在、杉尾氏は立憲民主党所属の参議院議員ですが。立憲民主党は森友学園や加計学園に関する「疑惑追及」を行いましたが、結局、安倍首相や昭恵夫人の違法行為は何も証明できず、すべては言いがかりの冤罪だったわけです。杉尾氏は元報道関係者という矜持《きょうじ》を持っているのであれば、自らの苦い体験を立憲民主党の幹部に伝えて、今後の党の姿勢の改善を要求する責任を負うべきです。

左派やリベラルの「他人に厳しく、自分と身内に甘い」という自堕落な傾向が、日本では各種メディアで顕著に見られます。それが、政権に有利な事実と、野党に不利な事実の両方で「報道しない自由」を行使する原因です。テレビ、ラジオ、週刊誌、新聞すべてにわたってですが、日本人はそろそろ、メディアという権力の危険性を認識して、これを厳しく監視しつつ、少しでも分散させるように努めないと、日本は情報統制が進行し、最後は全体主義化してしまうと思います。

特筆すべきド級の黒歴史「椿事件」

もう一つ忘れてはならないのは、平成5年（1993）9月に起きた「椿事件」です。これは全国朝日放送（テレビ朝日）が特定の政党への投票を誘導する、あからさまな偏向報道の事実が表面化した事件です。当時、同年6月の解散後の衆議院総選挙で、与党の自民党の議席が過半数を割り、自民党と共産党を除く政党で組織された細川護熙《もりひろ》連立政権が誕生しており、自民党が戦後初めて野党に転落しました。日本の政治の大きな転換点でした。

そんな中、テレビ朝日の取締役報道局長であった椿貞良《つばきさだよし》が、日本民間放送連盟（民放連）の会合の席で問題発言を口にし、波紋を呼びました。すなわち、自民党政権の存続を阻止しようと、会社として方針をテレビ朝日社内で定めていたというのです。

偏向報道が一部のキャスターや一つの番組だけでなく、テレビ局全体で意図的に行われていたのは大問題でした。本来は中立な立場から情報を伝える「建前」を、放送法第４条で求められている放送メディアが、あからさまに意図的な政治運動に加担していたわけです。その事実をテレビ局の上層部が自ら明らかにしてしまった。

ところが、テレビ朝日はこの件に関して放送免許が取り消されることはありませんでした。郵政省は「厳重注意」という行政指導ですませてしまったのです。結局のところ、社会的にも有耶無耶《うやむや》になり、事実上は許されてしまったわけです。

放送メディアの中立性がここまで脅かされると、現時点で「放送メディアは中立性を保って報道する」ことを前提に成立している、日本の民主主義の根幹が危うくなります。このことに日本国民はもっと危機感を持たなければなりません。

残念ながら、これはなにひとつ解決していない、現在進行形の問題です。国家から特別な放送免許を受けて事業を行うテレビメディアの報道局長が、非自民党政権をつくるという意図に従って報道を行ったと自ら暴露した。このように、報道のさじ加減次第で日本の政治を思うままに動かそうとする傲慢な発想は、今でもテレビ局に根強く残っているでしょう。

テレビ業界は新聞業界以上に「全体主義的傾向」の闇が深い。つまり、「椿事件」のような意図的な政治思想を持った幹部が現在のテレビ局にも少なからず存在し、今もなお、意図的な偏向報道を続けているということです。

テレビがネットを目の敵にする理由

報道機関が政権批判をすることに何の異議を唱えるものではありません。国民や国益のための仕事をせず、私利私欲を求める政権であれば、メディアが厳しく批判して倒閣を目指すことは当然です。しかし、私の目には真逆に映ります。日本のニュース番組は、国益を考えて汗を流す安倍政権の足を引っぱることが目的の、それこそ生産性など何もない、国益を完全に無視した「政権バッシング・ショー」にしか映らないのです。

民主党やCNNの反トランプ論調も似たところはありますが、彼らも国の機能まで麻痺《まひ》させたいとは思っていないでしょう。しかし、日本の野党と左傾メディアは、国の機能の停滞や麻痺が真の目的ではないかという場面がよくあります。もっとはっきり言えば、彼らは日本に敵対的な諸外国と通じた存在ではないかとさえ思えてしまう。そこまで異常なのです。

例えば、「イラク派遣の自衛隊の日報を出せ」と野党が言えば、それに乗っかってメディアは「日報を出せ。出さないのは公表できないことが書いてあるからだ」と騒ぎ立てる。防衛省や自衛隊の職員は対応のために時間を奪われ、業務に支障を来すことになる。もはや「情報公開請求テロ」です。そもそも自衛隊の日誌には、どのような軍事機密に通じる記述があるかも知れないのに、実に不用意で無防備な要求だと思います。日本の野党やメディアは、国益をまったく考慮しないから、こういう要求を平気でやれるのです。

「森友学園問題」にしても、野党がメディアを引き連れ、学園の理事長だった籠池泰典《かごいけやすのり》氏のところへ行ってパフォーマンスをする。そして、「安倍政権は逃げている」という一大キャンペーンを張る。結果、何も出てこなくても、野党は「疑惑はますます深まった」と煽《あお》り、ワイドショーは「明日に続く」「乞うご期待」と番組を引っ張る。こんなに楽な「商売」はありません。彼らを政治家や報道機関と呼ぶことさえ恥ずかしくなります。

この手の番組には「コメンテーター」と称する評論家やジャーナリストの存在がつきものですが、「これは単なる印象操作ではないか」と指摘する人はめったにいません。私には、

TBSの『ひるおび！』に出演する八代英輝弁護士くらいしか思い出せません。実際にはもっといるのだろうけれど、「真相深入り！　虎ノ門ニュース」の出演者である私たちのように、歯に衣着せず本音を言う人は、地上波になかなか出してもらえない。国際情勢や、政界とか産業界の事情をわかっていて、専門的知識を持った有識者は数多くいます。ところが、ほとんど何の専門知識もない芸人やタレントばかりが繰り返し番組に起用され、各番組のプロデューサーやディレクターのシナリオ通りの発言をしている。テレビ局は放送法第4条で、できるだけ多角的な意見の報道が求められているのに、全然守られず、偏った報道ばかりです。

しかも、「視聴率が取れる番組を作るにはどうしたらよいか？」という課題に対して、近年のテレビ業界は、「低俗な番組を作ること」が正解だと考えたようです。バラエティならまだしも、「スキャンダル」や「疑惑」といった低俗なことを好む自分たちと似た人々を対象に、「報道バラエティ」を制作することが、視聴率獲得の定石だと考えたわけです。

私もテレビ業界は長いので、視聴率を気にする心理は理解できますが、少なくとも報道番組の場合は「視聴者にウケる」は二の次で、「視聴者に真実を伝える」ことを最優先にすべきでしょう。そのためにはどうしたらよいのか。その答えは極めて当たり前の話ですが、

「真実をできるだけ客観的に報じ、視聴者が冷静に判断できる情報を提示する」という、「ジャーナリズムの基本」に立ち返らなければならないはずです。

もはやそのような姿勢が希薄なことは、報道番組のキャスターやコメンテーターを見れば一目瞭然です。番組のキャスターにお笑い芸人や人気タレントを起用すること自体は悪いとは思いません。が、すべての報道番組が同じようなキャスティングになるのには違和感があります。私は日本でも正統派のジャーナリストが仕切る報道番組を見たいのです。

コメンテーターにしても同じです。自称評論家や、肩書だけは偉い大学教授が、あたかも専門家のような顔をしてテレビに出ています。大半は専門家として問題の本質に鋭く切り込むことはなく、毒にも薬にもならない、当たり障りのないコメントばかりします。そういう人の方が、テレビ局は使いやすいからです。私もトランプ政権に関するテーマを取り上げるときなど、番組に呼ばれたりしますが、中にはそのテーマを扱ううえで最低限必要な基礎知識すらない番組スタッフもいます。私のように「勉強不足ですね」と嫌みの一つも言いたい人は、もう二度と番組に呼ばれない覚悟が必要です。制作側の意図に従って出演者が選ばれる以上、その「馴れ合い」が「劣化」を招くのは必然です。結果、もはや地上波テレビは信頼できるニュースソースではありません。テレビの価値はどんどん下落しています。

時計代わりにつけておくという存在に、テレビが成り下がるのは当然の流れでしょう。

テレビ局で番組を制作している人たちの中には、気概を持った方も確かにいます。しかし、往々にして上層部に行けば行くほど、気概のようなものが失われ、リスクを取りたがらなくなるのです。これは私の実体験を伴う話ですが、気概を持つ優秀な現場の若手の意見は、リスクを恐れる「老害」のような人々に封じ込められてしまうようです。

旧来のメディアの上層部には、自分たちが情報産業を牛耳ってきたという強いうぬぼれと、貴族的な特権意識を持つ人が確実にいます。彼らはどんなに放送法を無視しても、どんなに新聞協会の倫理規定を無視しても、自分たちは「情報をコントロールして世論を操れるから問題ない」と信じてきたわけです。

ところが今はインターネットがあるから、彼らの思惑やフェイクニュースはすぐにバレて、拡散され、テレビや新聞はますます信用を失っています。時代の変化にまったく付いて行けてない状態なのです。

だからでしょうか。大手メディアはことあるごとに、インターネットを目の敵にしてきました。「ネットは差別の温床だ！」とか、「ネットによる風評被害がひどい！」といったふうに、ネットのネガティブイメージを広げることに余念がありません。

しかし、ネットの力があなどれないとなると、今度は大手メディアの方が、インターネットテレビに進出しています。代表的なものが、サイバーエージェントとテレビ朝日が共同出資して設立した「Abema TV（アベマTV）」です。もっとも、私や上念司さん、ジャーナリストの有本香さんといった「虎ノ門ファミリー」も、ときどきはアベマTVには呼ばれますから、朝日新聞やテレビ朝日ほど左に片寄ってはおらず、それはそれで大歓迎です。

私も理事を務める「放送法遵守を求める視聴者の会」の取り組みで、テレビ報道を検証する必要性が、多くの日本人に認知されました。昔はそんな必要性など、誰も意識していませんでした。視聴者から監視されるリスクはほとんど存在せず、テレビ局はいくらでも恣意《しい》的な情報を流すことがまかり通っていたわけです。今から考えれば、田中角栄氏のロッキード事件や、竹下登氏のリクルート事件、宇野宗佑《そうすけ》氏の愛人問題や、森喜朗《よしろう》氏の「日本は神の国」発言、麻生太郎氏の「みぞゆう（未曾有）」発言など、日本の総理大臣が大いに叩かれた出来事の裏側には、相当ひどい偏向報道があったように思います。

今ではテレビ局による恣意的な情報操作は、賢い視聴者によって暴かれ、SNSを通じてリアルタイムで社会に暴露されています。「自分たちは国家権力を監視する機関」などと自称してきたテレビ局が、視聴者から監視される対象になったわけです。その状況でテレビ局が相変わらず、視聴者の声を無視するような態度をとり続ければ、彼らの恥と横暴はますます社会へと発信・拡散され、その社会的信用は地に堕ちることになるでしょう。

今後、「放送と通信の融合」はますます進むでしょう。テレビに附属するリモコンの操作で、地上波、CS、BSだけでなく、インターネットテレビも観られる環境づくりが進んでいくに違いありません。各メディア間の垣根を取り払い、観る側が自由自在に選択できるシステムが確立されれば、放送局に政治的中立性を求める放送法はいらなくなります。

今のところ、総務省の見解では、ARIB（Association of Radio Industries and Businesses／一般社団法人電波産業会）という組織による電波利用の規格があって、地上波とBS、CSは分けなければいけないというルールがあるのです。地上波が流すニュースは信頼性があるけれど、BSやCSのニュースは信頼性がいまひとつ弱いという、およそ根拠薄弱な前提に立った規制であり、あきれるばかりです。視聴者が、「信頼のおける地上波ニュースとその他を認識できるようにしろ」ということのようですが、これほど日本国民をバカにした規制はありません。この規制は、総務省など中央官庁が、国民の利便性や「知る権利」を犠牲にしてでも、天下り先の利権を優先させたいという証拠です。

アメリカの場合、規制を強化するのは「大きな政府」を好むリベラル派の人たち、つまり民主党です。そうやって民主党が規制を強化すると、共和党がそれを止めようとする。そういう活発な二大政党的な機能は、残念ながら日本では見ることができません。

新たな放送メディアを真剣に設計すべき時代

ＮＨＫは問題だらけですが、彼らを監督すべき総務省もひどい体《てい》たらく。恐らく積極的に管理する気はないのでしょう。裏で手を結んでいるのかとさえ思えてしまいます。

結局、これには複雑な電波利権がからんでいます。総務省が新しい放送局を作らせないという方針、自分たちだけで私腹を肥やす構造が、ここでも見えてきます。

実際、放送局をはじめとして、メディアというものは数が多い方がよいのです。たくさんの分母があって、それぞれに色があり、切磋琢磨《せっさたくま》しながら競争していることが健全な証しです。同じメディアでも、出版社の場合は何千、何万という会社があります。一方、テレビ局はキー局だけなら10に足りない。

10社もない日本のテレビキー局で、それぞれに特徴があるかというと、残念ながら各局の色は出ていません。記者クラブで配られる情報や、共同通信の配信と矛盾しない報道内容を報道各社が維持する限り、戦前の「大本営発表」と大差ありません。つまり日本の主要メディアでは、上意下達の情報統制システムが今も続いているのです。

私の故郷、ユタ州は自然豊かな所です。最近はＩＴ企業などの誘致に成功して大変な発展を遂げていますが、テレビに出始めの頃、よく司会者の大橋巨泉さんにバカにされたように、昔はただの田舎でした。九州の3倍くらいの面積がありますが、ほとんどが国立公園、国有林、軍の練習場、それに砂漠です。約280万人の人口は、ソルトレイクシティなどいくつかの大きな町に集まっていて、それ以外の場所にはほとんど人が住んでいません。そのユタ州にも、2019年3月25日現在、149局のAMとFMの放送局があるのです。日本は首都の東京でも、ミニFM局を含めて20局ほどだと思います。いかに日本が「閉ざされた言語空間」なのかがわかるでしょう。

自分の意見を発表できる場所がたくさんできれば、多くの議論の場が確保できます。放送局が増えれば、左翼を支持する放送局も設立されるでしょう。それでいいのです。一部の左翼思想家によって、秘かに牛耳《ぎゅうじ》られた現在の放送業界と比べたら、よほどマシです。

何より、健全な競争がないところは、どんどん腐っていきます。

左翼だけでなく、保守の放送局や、極右の放送局、番組ごとに政治的意見が違う放送局などもたくさん誕生すればいい。多種多様な価値観の議論ができるようになることこそが、放送業界の健全な姿だと思います。それは内需拡大政策にもなるでしょう。

放送局が増えれば、個別のニーズに対応する情報も発信しやすくなります。

例えば、私の自宅近くに小さなレストランがあります。味もいいし、シェフの人柄もいいので、もっとにぎわってほしいです。でも、現在の日本のキー局依存の放送体制では、目黒にあるこじんまりしたレストランなど滅多に取り上げられない。アメリカのように、ローカル情報に特化した放送局が地域ごとに何十局もあれば、適切な情報発信や宣伝が可能になります。

そのうえで、インターネットで全国からローカル情報を入手できる状態であれば、地方の方が東京を訪れた際に、「目黒のあの店に行ってみよう」となるかも知れません。

既存の放送局は、競合が増えることを嫌がるでしょう。しかし、健全な言論の場が新しく設けられ、それが内需拡大にも繋がるなら、既得権益を取り払う規制緩和の政策を推進する政府が文句を言われる筋合いはありません。

健全な競争により、既存の放送局の経営が苦しくなるなら、番組制作や経営に関する努力が足りないという話です。岩盤規制に守られて競争力を失った自分たちのせいです。

何より、日本には好みの放送局を選ぶ自由がほとんどないことが問題なのです。

アメリカの連邦通信委員会「FCC（Federal Communications Commission）」は、独立した情報源が8つ以上あることを、一つの基準にしています。一つの情報マーケットに、8つ以上の「独立したメディア」があれば、国民の知る権利は守られると考えているのです。

本来、世論操作という「民主主義社会の禁じ手」が可能なテレビ局や新聞社は、報道の内容をお互いに監視して、指摘し合う存在であることが望ましいわけです。その意味で、

NHKを除くキー局すべてが、新聞大手とグループ（系列）化している日本は、私のようなアメリカ人にとって「異常」そのものであり、また、世論操作や情報統制という意味において、極めて「危険」に映るのです。

さらに日本の場合はテレビと新聞にとどまらず、BS局やラジオ局もグループ化しています。出版社や雑誌社、週刊誌までもが、大手メディアの系列だったりするわけです。新しいメディアであるインターネットテレビであるAbema TVでさえ、先に述べたように、テレビ朝日が出資しています。つまり、「独立したメディア」ではありません。

グループ化の最たる問題点は、報道内容が偏ることであり、そこに相互批判が生まれないことです。ですから、アメリカでは多くの国民が、新聞社と放送局が同じ資本であることを嫌がりますし、実際、そのような懸念から、「クロスオーナーシップ」と呼ばれるグループ化は、FCCによって規制されています。

日本でも、新聞とテレビの資本関係を解消させ、それぞれを完全に独立させれば、8つの情報源を誕生させることは可能だと思います。

平成30年（2018）9月、菅義偉《すがよしひで》官房長官は「先進国では電波の周波数の一定期間の利用権を競争入札で決めるケースもある」と答え、電波オークション導入の可能性に言及しました。電波オークションとは、電波の周波数帯の利用権を競売にかけることであり、既存の放送局が免許を受けている電波利用権を競売で入手可能になる公平な制度となります。既得権益打破にも繋がる有効な手段なのですが、なかなか導入されません。先進国で電波オークションを実施していないのは日本くらいです。ただし、日本の場合、立法権を事実上握っているのは、「唯一の立法機関」であるはずの国会と構成員である国会議員ではなく、中央省庁と官僚なので、天下り先である既得権益者の圧力に阻まれているのでしょう。

新規参入を可能にする仕組みを作り上げることが、放送業界に巣食う、「ジャーナリズム精神の欠片《かけら》もない人々」を公のもとに曝け出し、締め出すことに繋がるのです。

とにかく日本の場合、複数のテレビ局や新聞社は、バランス感覚に欠けていると感じます。相手が敵なのか味方なのか、善人なのか悪人なのか、事実を調査することなく事前に決めてしまい、「何があっても批判する」、もしくは「何があっても守る」という硬直的な態度をとる。要するに、報道の基本である「事実の調査と証拠にこだわる」のではなく、「事前に決めた結論にこだわる」わけです。

だから、誤報が発覚したときに、責任者や関係者はすぐに交代することになる。そして、「事前に決めた結論にこだわる」という根本的な部分を改めないから、似たような光景が何度も繰り返されるのです。

事実と証拠にこだわったけれど、何らかの理由で「誤報」になった場合、その経緯を丁寧に説明すれば、視聴者や読者は納得するでしょう。また、事実と証拠にこだわるからこそ、様々な圧力にも屈しない「ジャーナリストの矜持」を保てるのです。

それなのに、事実と証拠よりも「会社の利害関係」や「クレームを避けること」を重視してしまうから、自粛的な圧力をかけられると、キャスターが降板させられたり、番組が終了したり、雑誌が廃刊になって幕引きとなる。そして、その圧力は、政権や与党政治家といった「権力側」が出すのではなく、不都合な事実を報道されたくないスポンサー企業や、そこから利益を得ている広告代理店、あるいは人権や平和、平等をネタに、善良な人々を騙して金儲けを行う「似非《えせ》市民団体」から発せられる場合が多いのです。

日本の報道がいかに偏っているかを語る前に、こうした実情を知っておく必要があります。ただし、最終的には「ジャーナリズム精神の欠如」という問題にぶち当たります。

アメリカも似たようなものですが、報道の基本ができていないというか、ジャーナリズム精神を重視する意志がない「似非ジャーナリスト」が多すぎるのです。

検証もせずに、誰かの発表を垂れ流す人をジャーナリストとは呼びません。ジャーナリストが「報道の自由」を享受できる理由は、可能な限り自ら調査を行い、裏を取って検証し、利害関係やクレームに臆することなく、正確な情報を提供する責任を負うからです。

したがって、本物の報道番組を作るには、それだけの情報を集めるための人員と、精査するための質の高い人材が必要になるのです。

テレビ局が、バラエティやワイドショーの枠で「報道もどき番組」ばかりを垂れ流す理由が、実はそこにあることも理解しておく必要があります。

ＮＨＫの存在意義に薄れや解体の必要性が出てきたこと、そして、ＡＭ・ＦＭラジオ局や地上波テレビ放送が開局時から続けてきた広告収入依存型のビジネスモデルの崩壊など、日本の放送業界は大きな過渡期を迎えています。

第5章

「情報に弱い」は現代日本人の罪

国を弱体化させるのは「情報弱者」

令和元年（2019）7月21日の第25回参議院議員通常選挙の結果は、自民党が57議席（改選数67）、公明党が14議席（同11）を獲得し、与党は71議席で改選議席の過半数となりました。2017年10月の第48回衆議院議員総選挙の結果をもって、安倍晋三首相が率いる与党の自民党と公明党が衆議院において3分の2を超える議席を維持している事実を見る限り、安倍政権が一定の評価を受け続けていることは明らかです。

自民党の支持率は若年層ほど高く、テレビや新聞、週刊誌しか見ない高齢層、特に学生運動の時代に青春を過ごした「団塊の世代」とは乖離《かいり》があります。

自民党不支持の「団塊の世代」の人たちは、「最近の若者は何もわかっていない」とご立腹だと思います。しかし、人間は比較することで学習します。ですから、多くの情報を手にして、それらを比較する人ほど真実が見えてくるのです。若者は、パソコンやスマホでインターネットを駆使して、家にいながら必要な情報を世界中から入手しています。「朝日新聞」の報道だけには頼りません。いろいろな報道機関の記事を比べて判断しています。

一方、高齢層には新聞とテレビしか情報源を持たない情報弱者が多いのです。深夜にとある番組を見ていたら、平成30年（2018）に大人気となった男性アイドルグループ「D

ＡＰＵＭＰ」が歌う「Ｕ・Ｓ・Ａ」の歌詞を答えてくださいといった街頭インタビューが放映されていました。

学生をはじめ、ふだんからネットに触れている人たちなら、ＤＡＰＵＭＰという歌手に興味はなくとも、ブームだということぐらいは目にするものです。しかし、ネットに触れないお年寄りは、「何それ？」とチンプンカンプンなわけです。特に目くじらを立てることでもないのですが、「お年寄りは時事問題に弱い」ことが気になったのです。

最新の世の中の動きに関して興味がないなら、それはそれで潔い態度なのでかまいません。ですが、なまじっかの知識、アップデートされていない知識を抱いたまま思考停止というのは、どうしようもない。テレビのワイドショーが「今の政権はおかしい」と報じるだけで、野党に投票するような無責任な真似はしないでほしいのです。世の中の動きや、祖国の未来に興味がないなら、有権者として一票を投じる権利も放棄すべきでしょう。

例えば、平成29年（２０１７）12月、河野太郎外務大臣が日本とロシアの交渉をめぐる記者の質問に対し、「次の質問どうぞ」というセリフを連発して批判を浴びました。大臣の態度はテレビ画像を通してみれば、確かに傲岸不遜《ごうがんふそん》に映ります。

しかし、秘密交渉を行う担当大臣が、手の内を明かすのはむろん、揚げ足を取られるような言葉の一つも口にしてはならないのは、小学生にだってわかりそうなものです。そして河野外務大臣は、過去の会見で何度もその旨を発言してきたのです。

実際には、外交の常識を無視する記者の方こそ、厚顔無恥《こうがんむち》、傲岸不遜ともいえるのですが、河野大臣が不遜に映るようにマスコミが印象操作をしました。スキャンダルを中心に扱うワイドショーだけでなく、いわゆる「ニュース番組」であっても、メディアは自分たちに不都合なことは報じないで、「堕落や腐敗しがちな権力を監視する重要な存在」という役柄を演じ続けるのです。ですから、情報を鵜呑みにせず、メディアが持つ影響力を悪用しようとする連中の「思考回路」や「手口」を頭に入れておいてほしいのです。

今の時代、情報弱者は本人にとっても、周囲の人にとっても、そして公益のためにも、百害あって一利なしです。昭和の昔、老人は人生経験が豊富で、知恵と人徳がある存在でした。ですが、今や情報メディアと接触できない人は、どんなに長く生きていても、超一流の学歴があっても、現役時代は偉い肩書の人であっても、賢いとは限らないのです。

私自身も65歳を超えていますから、日本で言うなら高齢者の一人ですが、アメリカの高齢者は日本とは少し意識が違います。

私の母国アメリカは広大で、同じ「アメリカ人」といっても、人種や宗教、生活水準や教育環境などのバックグラウンドは多種多様です。ですから、年を取れば新しい知識のインプットが面倒な人がいるのも確かです。それでも、多くの老人は、政治や国際情勢に興味があり、自分の考えをしっかり持っています。自分たちのご先祖様が「独立戦争」に勝利して祖国を誕生させたことに誇りを持つアメリカ人は、「他人任せ」や「依存」が大嫌いなのです。

独立意識が強いアメリカ人は、街頭で政治的な質問をされても答えられます。自分が共和党支持なのか、民主党支持なのか、支持する理由はこうで、今後の政治に何を望むのかと。

その点、高齢者に限らず、多くの日本人は政治を自らの言葉で語ることができないようです。政治的課題について、自分自身で考えた意見を持っていないからです。街頭インタビューを見ていると、「私はこう考えています」と、論理的に一人称単数の主語で語る日本人は少ないです。「国民は怒っている」といった、感情論を三人称複数形の主語で語る人が目立ちます。

もしかすると、テレビ局が論理的で冷静な回答をカットして、感情的な回答ばかりを放送している可能性もあります。インタビューに答える人物をテレビ局側が「仕込んで」いるという噂もあります。確かに、まったく同じ人物が、別の日の街頭インタビューにも答えている写真や映像が、ネット上には出回っています。場合によっては、街頭インタビューの内容と場所の情報を事前に入手できる組織が、インタビュー場所に工作員を大勢集めて、あらかじめ準備した答えを言わせている可能性もゼロではないでしょう。

このような「陰謀論的な可能性」は見当違いかも知れません。そうなると、多くの日本人が政治を自らの言葉で語ることができない最大の理由は、戦後教育を通じて愛国心を喪失させられたからかも知れません。愛国心を持たない自分が、政治について積極的に関与したり、熱い意見を表明することは、気恥ずかしいという感情があるのでしょう。

支持政党がないことに一種のステータスを見出す人もいます。一歩引いて全体を俯瞰《ふかん》できる自分がいちばん偉いといった立ち居振る舞いです。もちろん、「候補者の所属政党ではなく、政策や実績、人物像を調べたうえで、是々非々で判断して投票している」という「支持政党なし」には大賛成ですが、現実には「政治には無関心」、「投票に行くかどうかはその日の気分次第」といった、有権者として無責任な「支持政党なし」が多いのではないでしょうか。

左翼メディアをじっくり観察すると、あらゆるプロパガンダ手法を用いて、巧妙に自分たち側に誘導していることがわかります。その実感がない人は、評論家の山岡鉄秀氏と私の共著『日本を貶め続ける朝日新聞との対決　全記録』（飛鳥新社）を読んでください。まずは左派メディアの情報を全部疑ってください。そして、正しいか否かを検証するために、多くの情報を入手します。同時に、明確な判断基準を自分の中に確立してください。

さらに、他人に利用されて晩節を汚《けが》したくなければ、情報弱者にならぬよう勉強すべきです。ときどき、ネット上で「昔のケントはあんな発言はしなかった」と言われることがあります。また、日本国憲法第9条について「昔のケントは9条を絶賛していた」という話も流されています。かつてTBSテレビの『サンデーモーニング』にレギュラー出演していたことから、昔の私は左翼側に傾いていたイメージがあるようです。しかし、残念ながら違います。左翼的な主張に対して、私たちは真正面から議論していたし、番組もそれを許していました。10周年を機に「中道」や「保守的」な人がみんな降板した後、『サンデーモーニング』は左旋回して、保守的な人は出演すらできない、現在のような状態になったのです。

ちなみに憲法第9条について「平和主義」を絶賛していたわけではなく、「憲法の条文が今のままでも、すでに在日米軍と自衛隊がいるから、ソ連は日本に攻めて来ないだろう」という趣旨で「変えなくていい」と言ったのです。それもアメリカと日本の仮想敵国がソ連だった時代の話であり、当時は巨大な発展途上国にすぎなかった中華人民共和国が、現在のように発展して世界中の脅威になるとは、ほとんど誰も考えていませんでした。今では「一日も早く憲法9条を改正すべき」と考えています。

左翼思想の人たちは、「イデオロギー」を絶対視するあまり、「事実と証拠」を軽視します。そして「変化」にも弱い。この20年で世界はどれほど変わったでしょうか。「9・11米同時テロ」「アフガン戦争」「拉致《らち》被害者の帰国」「イラク戦争」「中国での反日デモ」「リーマンショック」「中国経済の台頭」「民主党政権の誕生」「尖閣《せんかく》諸島の国有化」「東日本大震災」「第2次安倍内閣の誕生」「朝日新聞の慰安婦虚報問題」「イスラム国の台頭」「パリ同時多発テロ」「安全保障法案の成立」「熊本地震」「今上《きんじょう》天皇のご退位表明」「オバマ大統領の広島訪問」「トランプ大統領の誕生」「テロ等準備罪成立」「米朝首脳対談」……世の中は変わり続けているのです。

インド独立の父といわれる革命家のマハトマ・ガンジーが名言を遺しています。

「明日死ぬつもりで生きろ。永遠に生きるつもりで学べ」

アップデートしない常識に基づいて生きることを私はよしとしません。時代に応じた学習や変化が必要だと思っています。

情報に弱いからこその「良心」という美名

歌手の加藤登紀子さんが、昭和49年（1974）の「週刊朝日」に執筆したエッセイで、次のような文章がありました。

「……日本という言葉を発するときに、たえず嫌悪の匂いが私の中に生まれ、その言葉から逃れたい衝動にかられる……」

私は驚きました。これこそ、まさに見事な洗脳の成功例だと思います。

大東亜戦争後の占領政策で、GHQをはじめとする機関は、日本人が祖国を嫌いになるように自虐史観を植え付けました。彼女はこの洗脳から逃れられなかった不幸な人といっていいでしょう。ご存じの方も多いでしょうが、加藤さんは東京大学卒で、ご主人は学生運動の活動家として著名な人でした。真面目で素直で頭脳明晰な人ほど、意外に洗脳されやすく、刷り込まれやすい。オウム真理教事件を思い出していただきたいのですが、幹部となり無差別テロを実行した人々は、大半が高学歴でした。

洗脳された人々はある意味かわいそうな存在ではありますが、誰かに聞いた事実を自分自身で確かめる「ファクトチェック」を怠らなければ、話を鵜呑みにして、洗脳されることはなかったはずです。いや、日本では、歴史教科書にすら嘘が書かれています。そして左派メディアは、「真実の追及と拡散」よりも「嘘を前提に築いた戦後体制の維持」を望んでおり、つい最近まで、何がファクトなのか、真実なのか、情報の入手すら困難でした。

しかし、インターネットとSNSが普及したことで、少しアンテナを張っている人であれば、「ファクト」を簡単に入手できる時代になりました。結果、左派メディアはこれまでのように「報道しない自由」を謳歌できなくなり、焦っているようです。

それにしても、「愛国心は悪」と刷り込まれた日本人は、「両親を憎みなさい」と育てられた子供と同じで、悲劇以外の何者でもありません。日本人の多くが抱いている祖国を愛する気持ちは、人間であれば極めて自然に湧き出る平和的なものです。決して忌み嫌われるべき感情ではありません。今でも「愛国心は悪」と信じている人は、自分自身の「人間としての不自然さ」に早く気付いてください。

自国を愛して口にする「日本」という言葉が「右翼的」である、あるいは「ナショナリズム」だと言われるのは、祖国を愛するのは人間として当然と考えている私から見ると、極めて異常に見えます。彼らの評価基準に従えば、トランプ大統領を筆頭に、アメリカ人の大半は「極右」ということになりますよ。

それでも、本人が内心で思うだけならかまいません。問題は、加藤登紀子さんのような有名人の発言は、多くの人の目にとまるメディアを通じて、人生を左右するほどの影響を他人に与えるのです。WGIPに洗脳された彼女が語る歴史観は、史実に反していたり、日本を貶める方向へのバイアスが明らかに強いです。それが「素直」で「謙虚」で「自省的」なことを美徳とする日本人に簡単に伝播《でんぱ》するのです。彼女のような「決して悪気はない不勉強な有名人」の存在が、日本が自虐史観の呪縛から解放されない一因になっています。

日本人に植え付けられた自虐史観は、実に根深い問題です。小学校から高校まで、歴史教科書にはそういう記述があり、先生もそのように教えます。NHKを筆頭とするメディアも、国防の重要性を全否定する条文を持つ「平和憲法」を絶賛し、自虐史観を補強する番組作りをします。素直で真面目な人ほど疑わないのです。

戦後、真っ先に犠牲になったのは誰だと思いますか？　WGIPの歴史観を疑いもせず受け入れたのが、GHQの占領下で初等教育を受け始めた子供たちでした。加藤登紀子さんは昭和18年（1943）12月生まれなので、まさにその世代です。「あなたの御先祖たちは、日本という国を守るために命をかけて立派に戦った」という歴史的事実を学校で教えてもらうことはなく、日本は「侵略戦争」を行ったという歴史観が植え付けられました。日本はひどい国だという負い目を、純粋な子供たちに背負わせたのです。ところが、そのような教育を行わせた最高責任者であるマッカーサー元帥は、1951年5月、米上院軍事・外交合同委員会の聴聞会で「日本を戦争に駆り立てた動機は、大部分が安全保障上の必要に迫られてのことだった」と証言し、侵略戦争説を完全否定したのです。

そんな教育を受けた世代は、例えば軍事について語る人が目の前に現れると、その人にず「右翼」や「軍国主義」などというレッテルを貼って一方的に批判するわけです。意見が違う人がいたら、「まずは相手の話を聞いてみる」のが「まっとうな大人」のやることだと思いますが、彼らは決して軍事に関する話を聞こうとしません。「軍事を語ると日本の平和が乱れる」、あるいは「軍事を語ると自分自身が汚れる」というような、およそ「合理性」や「論理性」とは無縁の、もはや「宗教的な思想」が、学校教育とメディアを通じて、潜在意識のレベルまで深く植え付けられている印象です。まさにそれは、うかつな言葉を口にすると、その通りの結果を生むという「言霊《ことだま》信仰」による呪縛ともいえます。

軍隊や兵器の話を避けたり、憲法9条の改正について語ることで平和が乱れるなら、「憲法9条を守れ！」と叫んでいる人たちがよく口にする、「平和主義」とは何なのでしょうか。私はよく講演会で、会場の方々に「平和主義とは何ですか？」と問いかけます。

残念ながら、ちゃんと答えられる人は滅多にいません。

「平和な国を目指すことかな？」と語る男性。でも、アメリカを含む世界中の国々が「平和な国」を目指しているはずですが、「平和主義」を憲法に掲げるのは日本くらいです。

若い女性が「絶対に戦争をしないこと」と答えたことがあります。この答えに同意する人も多いと思います。「では、外国から戦争を仕掛けられたらどうしますか？」と問いかけると、答えに窮しました。悩んだ挙げ句、「戦わずに降伏する」と口にした中年男性がいたので、私は彼の目を見てこう言いました。

「それって本当に平和なの？」

私の講演会に参加された方は、少なくとも私が「真相深入り！ 虎ノ門ニュース」で語った話や書籍の内容、「夕刊フジ」の連載コラムやＳＮＳで書いている主張などに興味を持って来られたはずです。つまり、すべてを鵜呑みにする人々よりは、よほど柔軟な思考の持ち主です。それでも、平和主義について上手く答えられない。考える機会を与えられなかったからでしょう。

私は、皆さんがＷＧＩＰの呪縛から解かれるきっかけになればばと、こう話しました。

「日本人の皆さんが言っているのは『平和主義』ではありません。それは『不戦主義』です。私は平和を愛すると口にしながら、平和を乱すと自分が思うものを忌避《きひ》しさえすれば、世界が平和になると本気で信じているのなら、それは、似非宗教以外の何物でもありません」

きつい物言いに聞こえるかも知れませんが、日本人の多くが口にする「平和主義」で平和を維持することは非現実的な夢物語であり、私に言わせれば、思考停止としか思えません。

以前、『サンデーモーニング』でコメンテーターをしていた頃、作家の瀬戸内寂聴《じゃくちょう》さんと番組内で議論する機会がありました。寂聴さんはご存じの方も多いでしょうが、日本を代表する女流作家であり、天台宗の尼僧でもあります。

ちょうどイラクがクウェートに軍事侵攻した「湾岸戦争」の頃でした。私はアメリカ軍を中心とした多国籍軍が、イラク軍を攻撃してクウェートから追い出すことになるだろうと話しました。すると寂聴さんは「絶対にイラク軍を攻撃すべきではない」と言うのです。私は彼女に、「イラク軍に侵略されたクウェート人たちはどうしたらいいですか?」と訊ねたところ、「我慢すればいい」と言われたのです。さらに、「東ヨーロッパの人たちも、我慢したら冷戦が終わって解放されたでしょう」と続けたのです。

当時の私は、「人はもちろん、虫の殺生ですら禁止」という戒律を持つ仏教の僧侶という立場上、そんな話をするのだろうと思いました。しかし、その後、寂聴さんが瀬戸内晴美の本名で私小説を書き、「子宮作家」と呼ばれていた頃の自由奔放な行動や、51歳で出家して寂聴と名乗るまでの半生について知りました。さらに、出家した後、現在に至るまで、肉食や飲酒を続けていることも知りました。これは秘密でもなんでもなく、寂聴さんは自分がお酒を飲みながら焼肉を食べているシーンを、テレビ番組で放送させています。

日本には、親鸞や一休宗純のように、宗教的戒律を破る「破戒僧」の行動を高く評価するユニークな文化があります。私もそれにならって、寂聴さんご本人が、仏教の戒律を守ることなく、「我慢とは無縁の人生」を送ること自体に文句は言いません。ですが、イラク軍に侵攻されたクウェート人について、寂聴さんが「我慢すればいい」と言ったのは、「自分は我慢しないけど、あなたは我慢しなさい」というダブルスタンダード（二重基準）そのものであり、説得力がないと思いました。

話がそれました。そもそも、国民の生命を守ろうとしない国家は、存在意義がないのです。政府が存在する第一義は、国民の保護にあります。そして国民保護のためには軍隊が必要不可欠というのが、有史以来、人類の常識になっています。だから世界中の国々は、軍隊を持つのが当然なのです。敵がこちらを殺すつもりで攻撃してきた場合、こちらも敵を殺すつもりで反撃しないと、一方的に殺されるか、投降することになります。投降したら、国民は虐げられ、奴隷のような生活を強いられます。

ちなみに、「殺すくらいなら殺されよう」というスローガンは、侵略したい国の内部に広めることで、大衆を「非戦論（投降派）」と「主戦論（好戦派）」に分断し、その国の抵抗力を弱めようと目論む、敵国のプロパガンダです。もし、このような言葉を使う人が身近にいたら、敵国のスパイか協力者、もしくは、彼らに操られている「世間知らずのお人好し」だと思って間違いありません。

戦後の日本を守ってきたのは、誰が何といっても「平和主義」や「憲法9条」ではありません。自衛隊と在日米軍という強力な軍事力が、日本の国民と領土を、ソ連や中華人民共和国、北朝鮮や韓国という、日本を敵視する国の侵略から守ってきた。これは、夢ではなく現実なのです。平和を愛し、戦争をしたくないならば、敵より強くなればいい。これは毎日、小さなケンカが絶えない幼稚園児の方が、実感して理解している話です。

「ケントの主張は間違っている」と考えていて、この件で私の主張を論破できると思っている人がもしいたら、ぜひ、どこかのネット番組で公開討論をやりましょう。「我こそは」と思われた人は、本書の版元のワニブックスまでご連絡ください。

メディアに押し付けられた加害者意識

すでに述べたように、朝鮮半島や済州島などで、若い朝鮮人女性（国籍は日本）が20万人も「強制連行」されて慰安婦にされたという報道は、事実無根でした。いまだに尾を引くこの問題は、朝日新聞（大阪版）が昭和57年（１９８２）９月にスクープとして掲載した新聞報道から始まっています。約32年の歳月を経て、平成26年（２０１４）８月、朝日新聞はやっと報道の間違いを認めました。その間、大半の日本人は、朝日新聞が日本と日本人を貶める虚報を世界中に垂れ流しているとは想像もしていなかったのです。

一部の歴史家と産経新聞は、朝日新聞の慰安婦報道の誤りを早い段階から指摘していました。しかし、大半の日本メディアは、戦前や戦時中の日本軍を批判的に書くことは、内容が虚偽であっても許されるが、日本軍の行動を評価したり、誉めることは、その内容が真実であっても、決して許されないと考えていました。そのくらい戦後の日本メディアは「敗戦国の呪縛」から逃れられなかったわけです。そして、その行動基準は、昭和と平成が終わり、戦後75年近く経った令和元年（２０１９）の現在でも、大きく変わってはいません。

虚偽の事実に基づいて、日本人に背負わされた罪の意識は、中国や韓国に対して過剰ともいえるＯＤＡ（政府開発援助）や技術提供に繋がりました。日本人は「贖罪《しょくざい》」のため、資金提供のような形で「賠償金」を支払ったのです。

実は、サンフランシスコ平和条約が結ばれた際、アメリカやイギリスは対日賠償請求権を放棄しています。中国（中華人民共和国）も昭和47年（１９７２）の「日中国交正常化」で戦後賠償を放棄しました。ただし、これは表向きのことで、日本は中国国内のインフラ整備などのため多額の資金を提供しています。ＯＤＡだけでもその額面は3兆円にのぼります。

また、韓国も同様で、独立の際、「祝賀金」の名目で、当時の韓国の国家予算2年分に相当する資金援助をしています。さらに本来は、請求が可能だった統治時代のインフラ整備費用をすべて放棄し、無償で提供しています。

たとえるなら、大学を卒業する子供に親から「卒業・就職祝い」をあげたようなものです。

普通の常識がある子供なら、初任給で親にプレゼントを買ってあげたり、その後も機会があれば、親への「恩返し」を行うものですが、贖罪意識を植え付けられた日本は、韓国から引き続きスネをかじられ続け、2006年、2008年の通貨危機のときも、2兆円、3兆円の資金を融通しているのです。

このような日本政府の真摯《しんし》な行動を、日本のメディアはあまり報じません。

今でも、昭和20年（1945）9月に発令されたGHQのプレスコードの影響下にあり、「メディアは日本政府を誉めてはならない」と信じているからです。そのため日本国民は、真実を知らされず、「第二次世界大戦のドイツを見習って罪を償え」と声高に言う日本人もいました。彼らは戦後教育で洗脳され、歴史の真実をなにひとつ知らなかったと言えます。

「ドイツに見習え」は無知の典型

「ドイツは先の戦争を深く反省している、それに比べて日本は……」や「日本はドイツの戦後賠償を見習え」といったことを口にする人々がいます。そのように指摘されると、「日本も反省しなければ」と思うかも知れませんが、そもそもナチス・ドイツの問題と大日本帝国の問題は、まったく別次元のケースとして語らなければなりません。

ナチス・ドイツによるユダヤ人虐殺「ホロコースト」は、特定の民族を完全に消滅させようとする全人類に対する罪であり、絶対に許されない犯罪です。当然ですが、戦後になってドイツ人は、ナチス（「国家社会主義ドイツ労働者党」の略称）という政党が実施した「ホロコースト」に関しては反省の意を表しています。一方、ドイツという国家が起こした戦争に関しては反省を述べておらず、いわんやオーストリアの併合に関しては、それのどこが悪いという態度です。ちなみに、併合したという意味において、日本における韓国は、ナチスにおけるオーストリアと同じになります。しかも、日本はドイツと違って一切の武力を使わず、外交交渉によって平和的に朝鮮を併合したのです。

ドイツの戦後処理をお手本にすべきというのなら、日本は日韓基本条約の締結に際して一銭も払う必要はなかったことになります。日韓請求権協定は、100％日本の善意であり、「日本は大盤振る舞いしすぎ」という見方もできるのです。

日韓の国交樹立は、朝鮮戦争で疲弊した韓国の経済を一刻も早く立ち直らせ、西側陣営の一員に組み込んで「反共の防波堤」にしたいというアメリカのアジア戦略の一環でした。ですから、確かにきれいごとばかりではありません。ただし、日本から支払われた有償・無償の計8億ドルといわれる経済協力金で、アジア最貧国だった韓国が「漢江《ハンガン》の奇跡」を起こし、新興工業国として勃興するきっかけになったことは、間違いのない史実です。

もっとも報道にもあるように、その日韓基本条約も、平成30年（2018）10月の韓国最高裁判の新日鉄住金徴用工判決で、事実上の破綻《はたん》を迎えたことになります。

なんでもかでも「ドイツの戦後に見習え」という人には、「では、日本もドイツに見習って共産党を非合法にしたらどうですか」とでも返してみたらいいでしょう。

ドイツだけではありません。アメリカでも共産党は非合法組織です。共産党を自称するグループは存在しますが、政治活動は禁じられていますし、組織力は弱く、政治的影響力はほとんどありません。自由主義諸国ではこれがスタンダードであり、日本のように合法政党として共産党が議席を持っている国の方が異常なのです。

日本はあのとき、あくまでも国策として米英と戦争しただけです。大東亜戦争の最大の問題点は、日本軍が強すぎたことです。アメリカが日本人に強烈な贖罪意識を植え付けよ

う と考えた理由は、「硫黄島」と「沖縄」の上陸戦、それに「特攻」にあると思います。

硫黄島の戦いでは米兵の約7000人近く、沖縄戦ではイギリス軍を含む2万人強、さらにカミカゼ攻撃で約8000人という米兵が戦死しています。もちろん日本側も、軍人だけでなく民間人も含めて、その何倍もの人が亡くなっています。アメリカは日本人の不屈の敢闘精神に恐怖心を抱いたのです。アメリカ軍は、自分たちは世界一強い軍隊だと信じていました。ところが、徹底的に訓練され、死を怖れない日本軍には、予想以上に苦しめられました。12世紀末の鎌倉幕府の成立以降、サムライが支配する軍事政権が800年以上も続いたことが、日本軍の強さの秘密かも知れないと考えたのでしょう。もしそうであれば、当時、建国後150年も経っていなかったアメリカは、今後も日本軍の強さに追いつけません。

さらに、終戦時から遡ること約80年前の江戸時代まで、日本には「仇討ち《かたきうち》」という公式な「復讐制度」があったわけです。すでに、新渡戸稲造《にとべいなぞう》が日本を紹介するために英語で書いた『武士道』が全米でベストセラーになっていましたから、「仇討ち」の存在は、日本を研究しているアメリカ軍の上層部なら当然知っていたでしょう。ですから終戦後の日本人が、アメリカへの復讐心を決して抱かないように、いや、抱けないように、武士道の根源である日本人の「大和魂」を徹底的に骨抜きにしたとも考えられます。

ちなみに、当時の日本人男性の平均身長は、160cm前後だったようです。一方、アメリカ人男性は、180cm前後でしょう。短絡的な見解と思われるかも知れませんが、自分たちより頭一つ分ほど小さい、中学生くらいの背丈しかない、しかも童顔の日本人兵士に、戦場では次々に仲間をやられたのが、悔しくて腹が立ったのも一因でしょう。

このような経緯で、アメリカは日本人に贖罪意識を植え付けました。戦後教育を受けた日本人は、それを素直に受け入れ、中韓の発展に協力することで、日本人は罪を償おうとし、その潜在意識は今でも多くの日本人を支配しているのです。

疑うべき「世論調査によると」記事

平成29年（2017）、「テロ等準備罪」を新設する組織犯罪処罰法改正案について、新聞各紙で賛成・反対の世論調査が行われました。

「朝日新聞」も同様の調査を行い、賛成意見が44％と過半数近くを占め、反対意見の25％を大きく上回りました。

このとき、朝日新聞は読者投稿欄で「『テロ等準備罪』肯定意見に驚き」（70歳）との意見を載せました。70歳の朝日新聞読者ですから「さもありなん」という投稿内容ですが、私には読者投稿欄のページを利用して、自社の主張を掲載したように見えます。

世論調査結果が示した通り、「テロ等準備罪」の新設には賛成意見が多かったわけです。朝日の読者の多くも、今回はそのように望んでいたのです。それなのに、このような少数意見が、世論調査の結果より「まとも」であるかのように載せてしまう。私はこの際、寄せられた投稿は全部載せるべきだと考えます。もちろん、朝日新聞が「公平で中立な新聞を装うつもりならば」という話です。紙面にスペースがなければ、ネットでもかまわない。読者が真剣に寄せた意見を、新聞社の意向で隠すなど、もってのほかでしょう。

もっとも、日本共産党が発行する「しんぶん赤旗」のように、最初から極左側に降り切れた存在である事実を隠さないのであれば、不都合な意見を隠す自由は「表現の自由」が保障する編集権として守られるべきです。しかし、朝日新聞は長年、日本を代表する公正中立な報道機関だと信じられてきたわけです。今もそう信じている人は多いでしょう。その意味で、記者に強烈なバイアスがあると知らない人がいない「しんぶん赤旗」とは、立場が違います。まあ、日本の誰もが「朝日と赤旗は大差ない」と知ればいいだけとも言えますが。

私は、朝日の投稿記事は、本当に読者が投稿したものなのかとさえ疑っています。はっきり言って、朝日新聞デジタル英語サイトの「メタタグ事件」での朝日の不誠実な対応を通じて、朝日新聞であればそのくらいの「ヤラセ」は平気でやると私は考えています。このような疑念を晴らすためにも、「全部掲載」はよい考えだと思うのですが、いかがでしょうか。

ついでに本法案に関して、軽く説明しておきます。

テロ事件や武器・麻薬の密売、人身売買など、ますます国際化が進む組織犯罪を、世界中の捜査機関が協力し合って未然に防止しようという条約、「国際組織犯罪防止条約（TOC条約、パレルモ条約）」というものがあります。アメリカ、ロシアをはじめ187の国と地域が締結していますが、日本は国内法が未整備で、条約が提案された早期に署名したものの、なかなか締結できずにいました。令和2年（2020）のオリンピック開催も迫っており、本条約を結ぶために法律を改正し、「テロ等準備罪」を成立させることになったわけです。

この法律は、誰がどう見ても日本には必要不可欠でしょう。タリバーンやIS（自称イスラム国）、ボコハラムなどが急速に台頭する世の中です。マレーシアの空港で、実兄である金正男《キムジョンナム》を暗殺させた可能性が高い北朝鮮の金正恩委員長も、日本の安倍首相がアメリカとの関係改善を邪魔したと逆恨《さかうら》みしているかも知れない。数年前には、靖國神社で爆発騒ぎを起こした韓国人もいました。今日、テロリストによる犯罪が東京で起きても不思議ではありません。世界各国が手を結び、犯罪が起きる前にストップさせるしかないのです。「居酒屋トークで政府を批判したら捕まる」とか、「戦前の治安維持法の復活だ」などと、左翼勢力は声高に叫びましたが、右翼チックな安倍政権が思いつきで提案した法案といった、左翼メディアが好きそうな与太話とは次元が違います。日本も国際社会の一員である以上、テロ等準備罪の制定は世界の常識というか、義務だったのです。

実は、先ほど少し触れたように、日本は17年あまりにわたり、国際組織犯罪防止条約に署名しただけで、締結は棚上げにされていました。平成12年（2000）の初期の段階で、日本も署名だけはしていたのです。平成15年（2003）には国会で承認もされているのですが、結局、正式な締結までには長い時間がかかってしまいました。締結に必要な国内法の整備を邪魔した野党議員や左翼メディアの中には、テロリストの仲間でもいるんじゃないかと疑ってしまいます。

やはり、何が正しいのか。我々もよく情報を調べて、自分で考えなければいけません。こうした国際問題が「テロ等準備罪」新設の背景にあることについて、報道が少ないのも気になりました。世間の関心が高まるのはよろしくないと、左翼メディアが隠し続けたことは明白でしょう。何しろ、世論調査が如実に示しています。

事実がわかれば、読者はまっとうな判断を示す。隠しきれなくなった左翼メディアは、次の手としてデマを流す。我々もネットなどを通じて、よくよく勉強しておかないと、簡単に騙されてしまいます。

「国民の安全」抜きの「人権侵害」議論

言うまでもなく、「テロ等準備罪」の新設は日本に必要な法律でした。ただし、このような法律には「思想弾圧」や「市民監視」といった人権侵害の懸念が伴うことも事実です。

2016年のアメリカ大統領選にロシアが関わっていたとされる、いわゆる「ロシアゲート事件」の捜査を通じて、実はFBIや司法省が、FISA（外国情報監視法）という法律を利用し、大統領選の間、トランプ陣営の活動を監視していたことが判明しました。2018年2月には、共和党議員による監視の証拠メモが公表されるなど話題なりました。疑惑自体については2019年3月にロバート・モラー特別検察官の捜査報告書が公表され、ロシア政府とトランプ陣営が共謀しているとの陰謀説は行きすぎた憶測であったことが明らかにされています。

日本のメディアでは驚くほど話題になっていませんが、「ロシアゲート事件」の最大の問題点は、トランプ陣営とロシアが結託して選挙工作を行ったという「冤罪」の話ではなく、政治的に中立であるべきFBIや司法省が、民主党候補に肩入れし、ヒラリー・クリントン元国務長官を大統領に当選させようと、捜査権を悪用して工作していたことなのです。

ちなみにFISAとは、日本経済新聞（電子版／2013年6月11日）から引用すると、「米政府機関が外国の情報機関やスパイの活動を監視する際の手続きを定めた法律として1978年に成立。2001年の同時テロ後に成立した『愛国者法』などにより改正され、監視対象にテロリストを含めたほか、テロ対策を目的とする盗聴を容易にするなど捜査機関の権限を大幅に強化・拡大した。その後も数度にわたり改正、延長されている」ものです。

つまりFISAは、国際組織犯罪防止条約（TOC条約）どころではなく、もっと広範囲な人々を監視下に置くことを可能にする法律と言えます。

このような法律まで施行されると、政府による監視は度が過ぎるきらいはあります。ですが、巧妙化する昨今の犯罪を考えると、やむを得ない部分もあるのです。ですから、FISAで認められた権限を行使する捜査機関が、同法を行使する際に行きすぎがないよう、他の政府機関が常に目を配れるシステムの構築が必要でしょう。

もはや、監視カメラは至る所にあります。これに顔認証システムとＡＩ（人工知能）を組み合わせて、特定の人物を一日中監視することがすでに可能になっています。現実に、国民の「自由」や「人権」など何も考えない中国では、指名手配犯を逮捕しようと顔認証システムを用いており、かなりの実績を上げています。この流れは、アメリカや日本でも進むかも知れません。

米中覇権争いに巻き込まれている事実

現在、中国が圧倒的なシェアを誇っている新分野として、「民間用ドローン」、「３Ｄプリンター」、さらに「電気自動車（ＥＶカー）」があります。今さらガソリンエンジンに注力しても、日米欧にはもはや追いつけませんから、電気自動車に完全シフトしています。さらに国民の生命を守る気がない中国は、安全基準などないに等しいので、自動運転技術も失敗を繰り返しながら急発展するかも知れません。

面白い話があって、これらの商品に「ＡＩ」は欠かせないのですが、とある中国企業が開発していたAIに「将来の夢」を質問したところ、「アメリカで暮らすこと」と答えたそうで、開発停止になったといいます。

冗談はともかく、AIをはじめとする中国製品が世界市場を席巻《せっけん》することに、アメリカでは大きな懸念が出ています。

個人データの不正傍受や、サイバー攻撃です。

2018年8月、中国通信機器の二大メーカーのファーウェイ（華為技術）とZTE（中興通訊）が、オーストラリア政府から次世代高速通信「5G」への参入を禁止されました。アメリカも同月、連邦政府や連邦政府と取引のある企業に対して、両社の情報機器の使用や情報提供を禁じています。

オーストラリア政府は新技術を介して、アメリカ政府は携帯電話や半導体にウイルスを仕込まれ、中国側に重要情報が漏洩することを危惧しています。

孟晩舟
©AP/アフロ

平成30年（2018）12月、ファーウェイCFO（最高財務責任者）を務める孟晩舟《もうばんしゅう》氏が、カナダ当局に拘束された裏には、米中のIT技術をめぐる覇権争いがあります。

2019年6月のG20大阪サミットでトランプ大統領が米企業によるファーウェイへの部品販売などを認める考えを示したものの、アメリカは同盟国に対して、中国製品の利用自粛を要請していますし、日本も対岸の火事というわけにはいきません。菅義偉官房長官は明言を避けましたが、各省庁や自衛隊などが使用する情報通信機器から両社の製品を排除する方針を固めたようです。

「戦争したいから軍備する」理論の浅はかさ

「時事ドットコムニュース」(2018年12月11日版)によれば、「政府は11日、新たな防衛大綱の骨子案を与党に提示した。骨子案には海上自衛隊の現有艦艇を事実上の航空母艦(空母)として運用可能とするよう必要な措置を取ると明記した。与党は、常に『空母』として運用するわけではないと文書で確認することを条件に大筋で了承した。岩屋毅防衛相は、戦闘機を常時艦載させないため、政府の従来見解で保有を禁じた『攻撃型空母』には当たらないとの認識を示した」

海上自衛隊の護衛艦「いずも」の空母化問題です。

「日本は空母を保有し、海軍を再建するつもりか」といった中国メディアの批判はまだしも、朝日新聞は政府の骨子案公表に先立つ11月30日の社説で、「歴代内閣が否定してきた空母の保有に向け、安倍政権が一線を越えようとしている。専守防衛からの逸脱は明らかで、認めるわけにはいかない。（後略）」と述べています。

この類《たぐ》いの、安倍政権は「戦争したいから軍備を増強する」かのような虚偽の風説を書き立てる朝日新聞は、いったいどこの国のメディアなのでしょうか。

そもそも、日本を取り巻く東アジアの国々は、すべてが「戦争ができる国」です。中国、ロシア、北朝鮮、それに韓国も「戦争ができる国」なのです。

ハーグ陸戦条約を無視して強引に憲法を書き換えさせ、日本を「戦争ができない国」にした張本人はアメリカですが、最大の理由は、強い日本と二度と戦争をしたくなかったからです。日本人は好戦的な民族で、1000年前から軍事政権が支配する残虐非道な国だというプロパガンダを、米政府や大半の米国民は信じていました。しかし、GHQが7年弱の間日本を占領した結果、日本人は残虐非道な民族などではないと実感しました。そのうえ、中国大陸はソ連の影響下で共産主義国になってしまい、加えて、やはりソ連の影響下で成立した北朝鮮が、武力で国境線を変更しようとする朝鮮戦争を始めたことで、明治以来、日本が戦ってきた日清戦争、日露戦争、第一次世界大戦、そして大東亜戦争は、いずれも「侵略」のためではなく、「国防」を目的として行われたことを理解しました。

アジア地域で「領土拡大の野心」を実現しようとする大国は、いつもロシア（ロシア帝国、ソ連、ロシア連邦）と中国（清、中華人民共和国）であり、日本ではなかったのだと、アメリカはやっと気付いたわけです。少なくとも、トランプ政権のアメリカは、日本が再び「戦争ができる国」になって、武力で国境線を変更しようとする国々を牽制《けんせい》し、アジアの安全保障に貢献することを望んでいます。

逆に見れば、「強い日本が復活すること」は、中国やロシア、北朝鮮、韓国（文在寅《ムンジェイン》政権）にとって不都合なわけです。「日本を戦争ができる国にするな！」という主張は、日米両国の国益に反し、中露北韓の国益に貢献するものです。厳しく言うと「売国行為」なのです。

護憲派の作家らによって結成された「九条の会」が、「安倍9条改憲は戦争への道」というパンフレットを配り、ありもしない「徴兵制導入の危機」を煽っています。「あなたの愛する息子さんが戦争に駆り出される」などと「安保関連法に反対するママの会」に参加する若い母親たちの、純真無垢《むく》な感情を利用して揺さぶります。この「九条の会」がやっていることは、家族に対する愛情を利用して相手をパニックに陥らせる「オレオレ詐欺」と同じ手法です。同時に、パニックにならず冷静に考えれば、絶対に騙されない話です。

何度でも言いますが、「平和主義」というお題目をいくら唱えても、軍事力がなければ、日本の安全はまったく守れません。誰かが軍事力を使って日本を守らなくてはいけない。その場合、日本の国を日本国民の力で守るのは当たり前のことですが、その気持ちが存在しない若者を強制的に徴兵したところで、足手まといになるだけです。

尖閣《せんかく》諸島がある東シナ海はもちろんのこと、中国がただの岩礁を勝手に埋め立てて、一方的に領有権を主張している南シナ海など、アジアの安全保障への貢献は、アジア最大の自由主義国である日本の「義務」です。十分な能力があるくせに義務を果たさない人間や組織などは、「和」を重視する日本人であれば大嫌いなはずです。

例えば、町内会で掃除当番があったとします。今度はあなたの順番となったとき、「ウチは家訓（憲法）で掃除を禁止されているのでお断りします」と言えますか？　そのような自分勝手は許されないし、まともな日本人ならきちんと掃除当番をこなすはずです。

終戦直後の日本は、戦争で焼け野原になり、周囲の掃除どころではなかったので、当番を免除されていたにすぎないと考えてください。武器を持たせると復讐されるのではないかという誤解もアメリカにはありました。しかし、戦後70年を過ぎ、バカげた誤解に早い段階で気が付きながらも、長年当番を肩代わりしてきたアメリカが、「いい加減に自分でやってよ」と催促しているのです。日本が南シナ海などアジアの「掃除当番」を引き受けるのは、私には自然なことだと思いますが、皆さんはどう思われますか？

余談ですが、韓国海軍駆逐艦が海上自衛隊の哨戒機に火器管制レーダーを照射したとされる問題で、防衛省は平成30年（２０１８）年12月28日、哨戒機内から撮影した映像を公開しましたが、自衛隊機の搭乗員は自らを「ＪＡＰＡＮ　ＮＡＶＹ」と名乗っていました。この件はツイッターなどでも話題になりましたが、他の国から見れば、日本はすでに「海軍」を保有する国家と映っています。

日本はこの現実に即して、完全な安全保障環境を手に入れてほしいと願うばかりです。

リベラル勢力の自己矛盾

どうも日本の「リベラル」を自称する人たちは、まるで反抗期の少年少女のように、「反米」こそが自分たちのアイデンティティだと思い込む傾向があるように思います。

不良少年のようにイキがって「在日米軍基地をなくせ」とか「安保反対」といったスローガンを掲げるのはかまいませんが、その後を冷静に考えてほしいのです。万一、日米安全保障条約が破棄されたら、きな臭いアジア情勢の中で、日本はどんな立場に置かれると思いますか？

例えば共産党のホームページ（「日米安保条約をなくしたらどういう展望が開かれるか全国革新懇総会　志位委員長の記念講演」の項より）によれば、「アジアの多くの国々との関係を軸に、国際的な安全保障体制を築いていく」「いっさいの防衛力を持たないで、中立を保ち、外交によって安全を築いていく」という、アジア諸国との外交によって安全保障をはかるべきだという立場を望む人々が7割近くいるといっています。はっきり言いますが、このような「夢想」を抱く人が本当に7割近くもいるのであれば、まさに日本人が「平和ボケ」している証拠としか言えません。

在日米軍がいなくなれば、中国、北朝鮮、ロシア、それに韓国が日本を攻撃してくる可能性は十分にあります。よく、「そんなことをしたら国際社会が許さない」という人がいますが、2014年、ウクライナのクリミア半島に侵攻したロシアに対し、日米を含む「国際社会」は経済制裁でしか対抗できず、クリミアは現在もロシアの支配下にあります。尖閣諸島や沖縄本島で、中国がロシアと同じことを絶対にやらないと、誰が保障できるでしょうか。

そもそも、想定可能な「最悪の事態」に備えることが安全保障の基本です。例えば、自称リベラルは原発について「東日本大震災より大きな地震や津波に耐えられる保障がない」、

「今すぐ稼働を中止して廃炉しろ」と主張しますよね。ところが国防については、中国や北朝鮮に「性善説」を適用し、「日本は攻撃されないから防衛費に金を掛けるな」と主張する。あきれたご都合主義であり、見事な二重基準です。

彼らが、「日本は憲法を改正して自衛隊を国軍と認め、核武装も断行して、在日米軍に依存せずに日本の国民と領土を守れ」と主張をするのなら、彼らの「反米主義」は筋が通ります。ところが現実には、GHQが草案を作成した日本国憲法を一言一句変えるなという。特に「戦力放棄」と「交戦権の否認」を規定した第9条を「絶対に守り抜け!」と叫ぶという壮大な自己矛盾。この矛盾に気付かない人を見ると、「脳内に反射に必要な器官(脊髄《せきずい》)はあるけれど、思考に必要な器官(大脳)が存在しないのかも?」と考えてしまいます。

利益亡者のイエロージャーナリズム

平成30年(2018)、ワイドショーで最も多く取り上げられた話題の一つに、「加計《かけ》学園問題」がありました。その数カ月前まで大変な騒ぎだった「森友学園問題」のお株を奪うくらい、各放送局と新聞や雑誌が、連日しつこく取り上げました。その報道内容は、官邸の不当な関与を主張する前川喜平・前文部科学事務次官や、現愛媛県知事である中村時広氏の言い分ばかりに注目していました。

しかし、愛媛県今治市に獣医学部新設を誘致した当事者は、中村知事ではなく、加戸守《かともり》行《ゆき》前知事だったのです。また、最終的に加計学園に決定するまでの経緯をいちばんよく知る人物は、前川前次官ではなく、国家戦略特区ワーキンググループの委員や規制改革推進会議委員・投資等ワーキンググループの座長を務め、国の規制改革に直接に携わった、経産官僚出身の原英史氏でした。二人とも野党が求めた「閉会中審査」で国会に呼ばれ、一連の経緯を詳しく説明しています。中でも加戸氏は、国家戦略特区として獣医学部設置が認められたことに関し、「ゆがめられた行政が正された」などと、文部科学省の過去の対応を批判しました。

二人の証言内容を知れば、「官邸や安倍首相が旧友のために自分の権力を濫用した」という前川氏らの主張は単なる「言いがかり」であり、この疑惑は「冤罪」だと誰でも理解できます。ところがメディアは二人の国会証言の内容を、ほとんど取り上げませんでした。

火のないところに「疑惑」という煙を立てた後、それを十分に払拭できる有益な情報が拡散しないよう意図的に隠し、逆に、大衆の感情を煽る燃料を投下し続けて、わざと「疑惑」を解決させない。それにより、通常の報道をしていたのでは得られない余剰利益（視聴率獲得や売上げの増加）をメディアが得ようとする。まことに罪深い、恥ずべき行動です。

これが「イエロージャーナリズム」の原理です。

イエロージャーナリズムとは、大衆の興味を満たす情報を売り物に、利益を最優先にした報道のことです。もちろん、スキャンダラスな内容の報道であっても、事実に基づくものであれば仕方がありません。しかし、「大衆ウケ」を追求するあまり、事実の誇張がエスカレートし、やがては捏造報道まで行われるのが世の常なのです。ちなみにこの言葉は、19世紀末、ニューヨークにあった「ニューヨーク・ワールド」と「ニューヨーク・ジャーナル・アメリカン」という新聞両紙が、「イエローキッド」という黄色いナイトシャツを着た少年が主人公の大人気コミックを、競合して掲載したことに由来します。

民主主義社会では、国や自治体の指導者を「主権者たる国民」が選挙で選ぶことはご存じの通りです。今、どのような政治問題があり、誰がどう解決しようと考えているのか、政府が隠したい情報を含む「正しい情報」がなければ、国民は「正しい判断」をできません。

その役割を担うのが、いわゆるメディアです。例えば、中国や北朝鮮の場合、独裁政治を行う中国共産党や金正恩にとって不都合な情報を、メディアが勝手に報じれば、その関係者は、逮捕はもちろん、再発防止目的の見せしめとして公開処刑される可能性すらあります。サウジアラビアの政策について、歯に衣着せぬ批評で知られていたジャマル・カショギ氏が2018年10月2日、トルコのイスタンブールにあるサウジアラビア総領事館の中で、白昼堂々と殺害された事件は記憶に新しいところです。

他方、民主主義国家のメディアには「報道の自由」があります。それは民主主義に必要不可欠な「正しい情報」を提供する公益的な役割がメディアにはあるからです。ですから、「情報の正しさ」には少しも興味を持たず、発行部数をどう増やすか、視聴率をどう稼ぐかなど、私利私欲ばかりを考えているメディアに「報道の自由」を与える理由はないのです。公益性がないから、イエロージャーナリズムは軽蔑されるわけですが、最近の日本のメディアは大手であっても、イエロージャーナリズムに堕ちたところが少なくありません。

加計学園の加計孝太郎理事長は、安倍晋三首相が政治家になる以前から長年の友人です。だから特別な利益を受けてきたはずという「下衆《げす》の勘繰り」にメディアが終始したわけです。高い社会的地位を持つ人間が「ノブリス・オブリージュ（高貴さは義務を強制する）」の信念や、「李下《りか》に冠《かんむり》を正さず」を意識して行動する美談は大衆にウケません。つまり、視聴率や週刊誌の売上げに繋がらないのです。「総理の友達だからっていい思いしやがって」

という、嫉妬や怒りの感情こそ、大衆を扇動する材料として最適なのです。

もちろん、賄賂や汚職を前提として国全体が動いている中国や韓国とは違い、首相や閣僚の友人が、個人的関係を理由として特別な利益を受けてはならないことは、日本やアメリカの常識です。その懸念を取り上げることは無意味ではありません。問題は、メディア報道が「初めに有罪の結論ありき」で憶測ばかりを報道し、客観的な事実と証拠を重視しないことです。

今回の件の最たる問題は、獣医学部の新設を認めなければ維持される利権構造にありました。天下り先である大学から評価されたい文部科学省の役人と、競合校を増やしたくない既存獣医学部の関係者。この手の一部の人たちが甘い蜜を吸い続ける利権構造の打破こそが、日本にとっての重要課題であり、メディアが追及すべき「日本の闇」なのです。ところが、メディアがイエロージャーナリズムに走ると、いちばん重要なことに人々の目がいかなくなってしまう。ゲームに熱中する子供が、読書をしなくなるようなものです。

イエロージャーナリズムは、かつては国を戦争にも追い込んでいます。

アメリカとスペインとの戦争である米西戦争は、イエローペーパーが民衆を煽った結果起こったのです。戦争が迫っているという記事を載せることで、面白いように売上げが伸びる。どうせなら、国が本当に戦争してくれれば、さらに売上げ倍増だ。このような利益優先の考え方から、イエローペーパーは民衆を扇動し、米西戦争の開戦を主導しました。新聞王と呼ばれたウィリアム・ランドルフ・ハーストは、この事実を認めています。

「自社の新聞の売上げアップに繋がるように、戦争ネタを誇大に報じた」

つまり、ハーストは新聞を売らんがために、噂話の掲載のみならず、事実の捏造、つまり、トランプ大統領が流行語にした「フェイクニュース」にまで手を染めたのです。

日本とロシアの間で起きた日露戦争の後に、似たようなケースが起きています。

米西戦争は1898年で、日露戦争は1904年です。元号で言うと明治末期になります。

この時代は外国と戦争を行い、敗戦国から賠償金を取る、もしくは領土や利権を奪うことが、国家の仕事の一つでした。歴史の授業で習ったことを覚えている方もいると思いますが、日清戦争に負けたことで、中国大陸の治安はボロボロになりました。これを機に、「不凍港」の獲得が悲願である大国ロシアは、南下して満洲と朝鮮を支配下に置こうと目論んでいました。朝鮮の次は日本です。これを防ぐため、日本は「窮鼠《きゅうそ》猫を嚙む」ような状態で戦い、辛うじて勝利します。しかし、講和交渉がこじれてロシ

ウィリアム・ランドルフ・ハースト

アとの戦闘が再開したら、アメリカなどから多額の借金をして戦った日本には、もはや戦費も武器もありません。

早期の講和条約締結を優先させたので、賠償金と領土は獲得できませんでした。日清戦争では多額の賠償金を得ましたから、大衆の不満は高まり、「日比谷焼き討ち事件」（1905年）という暴動が起きました。この焼き討ち事件は、新聞が大衆を煽った結果、起きた事件なのです。

この時期を境に、真実に興味を持たないマスコミが増えたような印象です。新聞や雑誌を売るためなら、テレビを見てもらうためなら、真実などどうでもよくなったのです。

日本がうらやましくて仕方がない、という事実

いわゆる「従軍慰安婦」が朝鮮半島で「強制連行」されたという事実の捏造も、この延長線上と言えます。吉田清治という小説家が、官憲に強制連行された「軍属（＝国家公務員）」の慰安婦という悲劇のヒロインをでっち上げ、国民の関心を集めて小説を売り、講演をして小銭を得た。その手口は「イエロージャーナリズム」と何ら変わりません。

その後の展開は、むしろハーストたちより悪質です。ハーストは少なくともゴシップやスキャンダルを、新聞の販売部数を伸ばす「私利私欲」のために利用したのです。会社の経営者や、上意下達で命令を実行する組織の論理としてはわからなくはない行為でしょう。一方、「慰安婦強制連行問題」の嘘を世界中に広めた人々は、「朝日新聞」を売らんがために仕掛けたわけではないのです。日本と日本人を、そして国を守るために命がけで戦った先人の名誉を貶めるために、「捏造情報」を拡散したのです。日本の国益や信用を意図的に損ねた彼らの責任は極めて重大です。

戦中の日本軍による慰安婦を象徴する像、いわゆる「慰安婦像」をめぐる騒乱は、とどまるどころか、さらに大きくなっています。ちなみに、この問題に関わっている韓国人の大半は、私利私欲のために活動しています。そして、彼らの背後には、日本の国際的な信用を貶めようと世界中で活動する中国共産党と北朝鮮の存在があります。

平成30年（2018）10月、吉村洋文大阪市長は、サンフランシスコ市に設置された慰安婦像を巡り、姉妹都市提携解消の公開書簡を送付しています。像はサンフランシスコのチャイナタウンに設置されたことからもわかる通り、中国共産党のプロパガンダ機関である抗日連合会がロビー活動をした結果です。中国系と韓国系住民の票や政治献金に屈服したサンフランシスコの市長や市議会に、真っ向から対決した吉村市長の態度は好感が持てましたし、日本の意思表示としてベストな対応です。

さて、アメリカ国内に何体も設置されてしまった慰安婦像ですが、慰安婦のオリジナル像をめぐって、ある噂があります。

慰安婦像のモデルとなった少女の正体に関してです。

そもそも、日本軍の慰安婦に10代前半の「少女」はいません。それなのに、なぜ少女が「慰安婦」のモデルとして選ばれたのか。

「週刊文春」や月刊誌「WILL」は慰安婦像の特集を組んだ際、モデルとなった少女に言及しています。

「2002年、在韓米軍の装甲車両に轢《ひ》き殺された二人の少女」

当時、中学生だった被害者の一人が、慰安婦像のモデルだと両誌は指摘しています。顔写真を比較すると、確かに髪型や輪郭、鼻の形などがよく似ています。もともと米国大使館前の抗議運動で使うために制作が始まった少女像でしたが、アメリカ政府に配慮した韓国政府が抗議運動に反対し、一体だけ制作したところで計画は頓挫。こうして「持て余した少女像」は「慰安婦像にしたい」と持ち掛けた人物に売却されたそうです。少しネット検索すれば、それぞれの実名や経歴も出てきますが、本書ではあえて書きません。

韓国政府も、「慰安婦像」の怪しい出所を知らないはずはありません。日本を歴史問題という常套《じょうとう》手段で糾弾し、貶められさえすれば、内容が少し雑でもかまわないと思っているのでしょう。

しかし、国際社会における日本の地位は揺るぎません。2019年版、USニューズ&ワールド・レポート誌「ベスト・カントリー・ランキング」では、日本は第2位。韓国は22位です。決して積極的には口にしませんが、韓国人は太古の昔から繁栄を誇る日本の歴史がうらやましくて仕方がないのでしょう。「その凄い日本よりも、韓国はもっと上なんだ!」という承認欲求を、「剣道も茶道も桜も韓国が発祥」という「ウリジナル」の主張で爆発させても、ろくにかまってもらえず、すねた幼児のような態度を取り続けているのです。

キム・ウンソンとキム・ソギョン制作の慰安婦像の一つ

歴史上、侵略を受け続け、強いものに媚《こ》びへつらい、弱いものをイジメることで生き抜いて来た朝鮮半島。周囲の国々や恵まれた人を恨み、うらやむことでしか、国の体裁や個人の感情を保てないとは……悲しい国とも言えます。もっとも、この「恨《ハン》」を国の文化として堂々と口にするのは理解できませんし、彼らの歴史に同情するつもりもありません。

歴史改竄を行っている国

フジテレビ旧本社の近く（東京都新宿区若松町）に、東京韓国学校があります。先日通りがかったのですが、とても立派な建物でした。

韓国・朝鮮系の学校の一部は、「一条校」と呼ばれる「学校教育法第一条」の認定基準を満たしており、そこには日本の税金からの助成金がありますが、東京韓国学校や朝鮮学校は「各種学校」扱いであり、一条校に認定されていません。

ちなみに、『大辞林』（三省堂）で「一条校」の項を引くと、「学校教育法第一条に定められた学校の総称。幼稚園・小学校・中学校・高等学校・中等教育学校・大学・高等専門学校・盲学校・聾《ろう》学校・養護学校。各種学校や職業訓練校、保育所は含まない」とあります。

さて、平成22年（2010）4月1日から「高校無償化」制度が施行されていますが、安倍政権は朝鮮学校をその対象から外しています。左翼メディアなどをはじめ公平ではないといった声もありますが、私は当然だと思います。

北朝鮮系の朝鮮学校が使う歴史教科書には、「敬愛する金日成《キムイルソン》主席様」という記載もあるわけです。金日成は「抗日パルチザンの英雄」とされていますから、朝鮮学校の歴史教科書にも反日的な記述が多く、明らかな反日教育を日本国内で行っています。そもそも日本人を拉致する際に、朝鮮総連所属の在日朝鮮人らが関与していたことは、後に本人たちが供述しています。そんな事実上の北朝鮮工作員養成学校に、日本の税金から助成金を出すなんて、誰が納得するでしょう。私は日本国民ではありませんが、日本の長年の高額納税者なので、適切と思えない税金の使い道には、堂々と文句を言わせていただきます。

森友学園が話題になったとき、彼らが経営する「塚本幼稚園」で、戦前の愛国教育を積極的に行っていると指摘されていました。確かに時代錯誤感はありましたが、朝鮮学校の反日教育と比べたら、教育勅語を暗唱する愛国教育の方が、はるかにまともだと思います。

金日成を讃えるプロパガンダ・ポスター

韓国の学校では、歴史の時間に「日本と戦って独立したと教わる」と聞きました。実際には、日本の敗戦によって米軍の統治下に入り、1948年8月15日に大韓民国として独立しています。日本と戦って独立を勝ち取ったわけではありません。

韓国が実際に戦争をした相手は、38度線を越えて侵略してきた北朝鮮軍と、それを支援した中国共産党の義勇軍です。この、同胞と長年の宗主国と戦ってしまったトラウマのせいかも知れませんが、自分たちにとって都合のいいように歴史をねじ曲げ、子供たちに教育する。真実の歴史に真正面から向き合わず、史実を勝手に改竄して責任転嫁する行為には、あきれる気持ちでいっぱいになります。

文大統領と金正恩の関係

1965年に結ばれた日韓基本条約により、本来、戦後補償の問題は解決済みのはずです。いつまでも「日本は韓国に謝罪しろ」という繰り言の一辺倒ではなく、両国は本来、未来に目を向けた新しい関係を構築すべきですが、いつも韓国側が台無しにします。日本側に非があるとすれば、日本人の常識が韓国でも通用すると考えて、安易に謝罪したり、様々な名目で資金援助をしてきたことでしょう。

近代以降、韓国における親日勢力は、次々にひどい目に遭わされています。

明治期の代表的な親日派に、福澤諭吉の支援を受けて日本で学び、朝鮮の近代化を目指した、金玉均《キムオッキュン》がいます。彼は日本の協力を得て、クーデターを断行しますが（甲申事変）、すぐに清が介入し、反対派に巻き返されて、3日間の政権奪取で失敗。日本に亡命し、再起を期して渡った上海で暗殺され、遺体は韓国に運ばれて八つ裂きにされ、韓国の各地で晒《さら》しものにされています。

また1963年生まれの金完燮《キムワンソプ》は、10代で「光州民主化運動」に市民軍の一人として参加し、全羅道庁舎に籠城したそうです。後に国家偉功者として顕彰されている、韓国のヤングヒーローでした。名門ソウル大学の物理学部に入学していますから、かなり頭が良いようです。1989年には雑誌編集記者となり、1995年に韓国のベストセラー『娼婦論』を出版しています。彼はもともと、強い反日感情を抱いていて、阪神・淡路大震災が起きたときは「天罰だ」と喜んだそうです。

順風満帆だった彼の人生が狂い始めたのは翌1969年でした。オーストラリアに移住し、韓国国内では読めない資料や書籍を読んだことで、日韓併合時代の真実を知り、対日観が180度変わってしまったのです。韓国に帰国後、『親日派のための弁明』を出版します。同書は戦前の日本による朝鮮統治について評価、肯定的な見解を述べた評論です。韓国で出版されると、内容が問題視された同書は「青少年有害図書」に指定され、金完燮は逮捕されます。その後も、名誉棄損罪に問われたり、国会公聴会や裁判に出ようとすると傍聴人に暴行を受けたりするなど、散々な目に遭っています。役

金玉均

所が「パスポートの更新に応じてくれない」とのことで、言論弾圧だけでなく、事実上の出国禁止処分になっているようです。

済州島出身で、1983年に留学生として初来日し、1988年に日本に帰化した拓殖大学教授の呉善花《オソンファ》の場合は、2007年には母親の葬儀のため、2013年には親戚の結婚式のために里帰りしようとして、いずれも入国禁止措置を受けています。2007年のときは日本総領事館経由の抗議を韓国側が受け入れて入国できましたが、2013年のときは日本に強制送還されています。韓国当局は入国拒否の理由を明らかにしていませんが、韓国に対する批判的評論活動が原因であることは、疑う余地がありません。

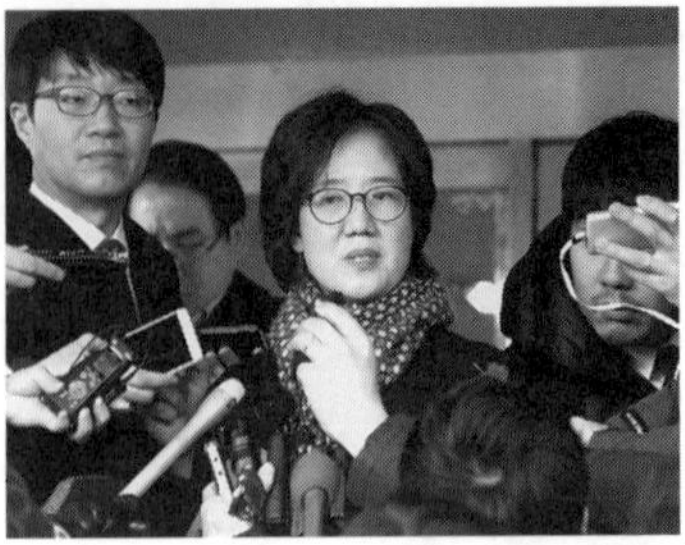

『帝国の慰安婦』の著者、朴裕河氏に無罪判決
©読売新聞/アフロ

慰安婦問題に関して、史料に基づく主張を展開した朴裕河《パクユハ》教授は一筋の光明でしたが、2015年11月18日、ソウル東部地検は「彼女が著した『帝国の慰安婦』は虚偽内容が多い」と弾劾《だんがい》し、朴氏を名誉毀損罪で起訴している始末です（表現の自由が認められて無罪）。

このように韓国人が日本への好意を示したり、韓国を批判すると、社会的に抹殺《まっさつ》されかねないため、韓国国内ではなかなか自浄能力が生まれてこないのが現状です。

韓国軍にしても、一貫して在韓米軍や自衛隊と協力し、「警戒すべきは北朝鮮」の共通認識で団結していたはずなのに、最近では北朝鮮の工作活動が軍の奥深くまで及んでいるらしく、日本にとって由々しき事態です。

文在寅大統領は、かつてのＫＣＩＡ（大韓民国中央情報部）の流れを汲むお膝元の情報機関「国家情報院」も容赦なく解体しています。

個人的な見解ですが、文大統領は北の工作員の一人として考えれば、彼の不可解な行動はすべて辻褄《つじつま》が合います。いわゆる徴用工判決により日韓基本条約を無視して、日韓関係を破壊しました。これにより韓国の国際的信用は失墜しました。現実の経済状態を無視して最低賃金を強引に上げたことで、中小企業では倒産が相次ぎ、大企業もリストラの嵐。韓国経済はガタガタです。さらに、北朝鮮は「敵ではなく同胞」という前提で、軍隊や情報機関を弱体化させました。まさに「大統領が工作員になった」、いや、「工作員が大統領になった」という方が正しいのかな？　まるで映画のような話ですが、冷静に考えると恐ろしい話です。

韓国は今、冗談抜きで危険極まりない状態にあります。もしトランプ大統領が韓国を見捨てて在韓米軍が完全撤退したら、文大統領はその日にも韓国を金正恩に献上するでしょう。

だから日本人にはわからない……韓国の歪さは儒教の問題

日韓関係が悪化している理由は何なのか？　韓国はいつまで経っても日本を許そうとしませんが、大日本帝国が朝鮮半島を統治していた間、果たして日本人は悪いことばかりしていたのでしょうか。

日韓併合後、日本は韓国民（朝鮮系日本人）に、日本の子供たちと同じように教育を施し、社会基盤となるインフラの整備も国内と同じように進め、朝鮮半島の発展のために尽力しています。戦後は多額の支援金や先端技術を提供してきました。

そのような日本の誠実な態度にもかかわらず、韓国はいまだに日本に対して怒りをあらわにしています。

なぜ、日本に対して文句ばかり言うのか。

私が辿り着いたのは、「儒教に原因がある」という答えでした。

儒教については、大学で勉強しました。私が通っていたブリガムヤング大学は、末日聖徒イエスキリスト教会が運営する大学です。必修科目として宗教学の講義も受けなければならなかったので、その一つとして私は「比較宗教学」を選択して、キリスト教、イスラム教、ユダヤ教、ヒンドゥー教、神道、仏教、儒教などについて学びました。

大学で儒教の講義を初めて受けた感想は、「これは宗教のカテゴリーに入るのだろうか？」というものでした。

神様がいるわけではないし、戒律らしきものもない。

次に感じたのが、人間関係における「縦社会の異常なまでの強要」です。もちろん日本も縦社会だといわれますが、私はむしろ「平等」の概念が日本ほど発達している国は珍しいと思います。だからこそ、社会的地位が高い人ほど腰が低いのです。

その究極が、天皇陛下のお姿です。天皇陛下のお姿を見て育つ日本人にとって、目上の人が目下の人を気遣うことは「義務」だと感じるでしょう。あらゆる関係に上下の序列を付けて、偉い人は偉そうに振る舞い、目下の人を見下し、目下の人は卑屈にならざるを得ない韓国のような、硬直的な縦社会とはまったく違います。

だから日本人にはわからない……韓国にとって日本は弟

彼らが日本に対して感情的になるのは、中国が親であり、韓国は長男、日本は次男という考えを持っているからです。

平壌で開催された南北首脳会談（2018年9月18日）金と文は長男、次男の関係
© ロイター/アフロ

このような上下関係を絶対視する理由は、儒教の教えと中華思想によるものです。

韓国人は、兄の方が弟に優ることを信じて疑いません。儒教の教えでは、年下は年上に決して逆らわず、黙って従う大原則があります。そして韓国人には、「対等」や「平等」という感覚がピンときません。そのため幼稚園児ですら、同級生の中で誕生日が一日でも早いと、相手に優越感を覚え、偉そうに振る舞うそうです。

しかし、国の年齢で言えば、日本は紀元前660年生まれ、韓国は1948年生まれ、中華人民共和国（中国）は1949年生まれなので、日本が親、韓国が長男、中国が次男というのが正しいはずです。しかし、中華思想において中国は必ず親、そして中国にいちばん近い国から長男、次男なのです。勘の鋭い方は気付いたかも知れません。実は韓国と比べて、さらに中国に近い北朝鮮は、韓国よりも格上の立場なのです。文在寅大統領がいつも金正恩委員長に気を遣い、まるで部下のように見える大きな理由は、そこにあると思います。

いずれにしても、彼らにとっては、日本が末弟であることに変わりはありません。

それなのに、末弟であるはずの日本ができすぎる。ですから韓国は、兄の顔を立てようとしない弟の日本に対して、大きな不満とコンプレックスを抱いているのです。

さらに、兄である自分の方が絶対に優秀なはずなのに、その想定を弟に平気で覆されると、「自尊心」に傷がついてしまうのです。

韓国人は普段から「自尊心が傷つけられた」という言葉を使いますが、彼らの言う自尊心とは、日本人が考える自尊心とは別物です。

日本人が「自尊心が傷つけられた」というとき、その本質は「己の不甲斐なさを恥じる内向きの反省心」でしょう。対する韓国人はといえば、例えば自分がボロボロの国産車に乗っているのに、隣人がBMWを購入したら、自尊心が傷つくのです。つまり韓国人の「自尊心が傷つけられた」の本質は、「他人に対して芽生えた外向きの嫉妬心」なのです。他人と比較しなければ、自分の位置を確認できない。他人の目を気にすることなく、自信をもって「我が道を行く」という文化がないのです。

第二次世界大戦後、アメリカでも復員兵とベビーブームで人口が急激に増えて、各地に住宅団地ができました。例えば、ある田舎町に製鉄工場などの新しい産業ができたら、一つずつ家を建てている時間的余裕はないから、同じ家を数百戸まとめて建てたわけです。

そして、同じような所得層の家族が住み始めます。家の形はまったく同じです。すぐに序列競争が始まりました。ある人はボートを買ってきて庭に置く。ある人は家の外壁の色を変える。庭に手を加えてきれいにする。また、ある人は家を増築する。「少しでも人よりいい生活をしている自分を見せたい」「近くの隣人に対して優越感を抱きたい」それはある意味、人としてよくある心の動きかも知れません。しかし、その手の「見栄《みえ》の張り合い」を国単位で真剣にやるのは、韓国と北朝鮮くらいでしょう。だから、日本が今後も持ちそうにない核兵器とICBMを何としても手に入れたい。背景には、決して拭い去れない日本へのコンプレックスがあるように感じます。

だから日本人にはわからない……被害者でいたい韓国

多くの日本人は、儒教というものをある種の「道徳」として受け止めています。韓国にも「道徳」という言葉はありますが、自尊心と同様、日本と韓国の「道徳」は、まったく別ものです。

日本の道徳は「社会や他人に迷惑をかけてはならない」という考え方が基本にあると思います。自分が一生出会わない、ご縁すらない人であっても、自分のせいで不快な思いをさせないよう考え、善い行いを無意識にできるのが日本の「道徳」です。

しかし、韓国の道徳は、必ず上下関係の話になります。彼らが慰安婦問題に固執しているのは、女性たちを強制連行して慰安所に送り込んだ日本人は「道徳的に下位」と扱われるから、永久に見下し、金品を要求できると捉えているからです。

つまり「道徳」とは、上下関係を確定させるツールの一つにすぎず、「被害者である韓国は道徳的に上位」「加害者である日本は道徳的に下位」という序列にしたいだけなのです。彼らにとって「被害者」の立場というのは、絶対にひっくり返せない特権階級の一種と考えればわかりやすいと思います。

だからこそ韓国は、日本に対して永久に被害者でありたいと願うわけです。

戦時中、朝鮮半島は日本の一部でしたから、日本人が加害者なら、彼ら韓国人（朝鮮系日本人）も加害者になります。そして、「一度決まった加害者の立場は孫子の代まで続く」と考える彼らには、「過去の行動を反省し、前に進んで現状の逆転を目指す」という習慣がありません。その結果、自分が「加害者」や「敗者」という下位の立場に一瞬でもなることは、多くの韓国人にとってメンタル的に耐えられないのです。だから、「自分たちは日本に無理やり併合されて、無理やり侵略戦争に加担させられた被害者だ」と言ってみたり、「併合への反対勢力が亡命政府を作っていて、現在の韓国はその流れの国だから戦勝国だ!」といった無茶な主張をしたりするのです。

だから日本人にはわからない……韓国を捨てたい韓国人

近年の韓国では経済状況が悪化したこともあり、一流大学を卒業しても6割程度の人しか就職できないと「中央日報」が伝えています。では、どうするのか?

アメリカに留学して、アメリカの企業に就職して、アメリカの国籍を取って、アメリカに家族や親戚を呼び寄せる人が「最高の勝ち組」とされるようになっています。そのため、多くの家庭では、幼い頃から子供に英語を学ばせています。

ちなみに、お金がある家庭の子供はアメリカに留学します。一方、それほど裕福でない家庭の子供は、英語が公用語であるフィリピンに留学します。

このようにアメリカで生活をするのが勝ち組だということは、言い換えれば韓国人は誰もが、チャンスさえあれば母国である「韓国を捨てたい」ということです。

韓国人が韓国以外の国に生まれたいと望む理由は、経済的な理由があるとしても、実はそれ以上に、過度な縦社会にうんざりしているというのが本音のようです。だから、年齢や社会的地位にこだわらず、気取らない人間関係を築けるアメリカでの生活を望む韓国人が、急増しているらしいのです。

ところが、韓国人の大半はアメリカに移住しても、アメリカに完全に同化しようとはしません。そこが日系人とは違うところです。後天的な国籍よりも、先天的な民族の血を優先するのです。実際にアメリカでの暮らしを始めると、勝ち組のステータスを得られますが、一方で「国を捨てた」という後ろめたさを感じます。だから、彼らは韓国人の証しとして母国に貢献しようと考え、結果、極端な反日に染まるのです。

今、アメリカで問題になっているのは、養子縁組でアメリカに渡った韓国人たちの存在です。

30年ほど前、韓国では孤児が溢れていました。そこでアメリカ人の家庭が、彼らを養子として受け入れたのです。しかし、一部の家庭は、受け入れた孤児の市民権を取得しなかった。つまり、彼らは戸籍がない状況になってしまいました。

2001年の法改正により、アメリカに渡った孤児は自動的に市民権が得られるようになりましたが、それ以前にアメリカに渡った孤児については、受け入れた家庭が申請する必要があったのです。

問題は彼らが犯罪を起こしたときで、現在、20代後半から30代の大人となった彼らは、いまだに韓国籍のままなので、犯罪者になると韓国へ強制送還されることになります。すると、彼らは韓国で大変な差別を受けるのです。

同じ朝鮮民族ですが、まずは孤児だったということを理由に下に見られます。さらに物心がつく前にアメリカに渡っているため、彼らは韓国語を話すことができません。韓国で就職することもままならず、犯罪を起こしたり、ドラッグに手を染めたりすることになる、そのようなケースが多いのです。

だから日本人にはわからない……クリスチャンが多い韓国

韓国には多くのクリスチャンがいますが、彼らがどのような理由でキリスト教を信仰しているのか、私にはいまひとつその理由がわからないのです。クリスチャンでない方でも、キリスト教の「隣人を愛しなさい」「敵を愛しなさい」といった教義はよくご存じだと思います。ですが、クリスチャンとなった韓国人に、キリストが説いた「人間愛」の考えが根付いているとは、とても思えないのです。

東日本大震災が発生した平成23年（２０１１）3月11日以降、韓国系キリスト教団体は、多くの宣教師をボランティアの名目で日本に送り込んでいます。その理由として、「大地震は神を信じない日本に対する神のお仕置きだ。我々が日本に行って救わなければならない」というのです。

とても、隣人を愛しているとは思えない言動です。隣国の不幸を何と思っているのか。キリスト教の教義をもう一度、最初から学び直してほしいと思う次第です。

そもそも韓国でキリスト教が広まったのは、朴正煕《パクチョンヒ》政権の時代、つまり1960年代から1970年代です。キリスト教徒が反政府運動を先導していたため、仏教徒の朴正煕大統領は、キリスト教に対して強い警戒心を抱いていました。

一方で、韓国の発展が遅れているのは、韓国の土俗信仰が原因だと考えていた朴大統領は、巫堂《ムーダン》という韓国のシャーマンを排除しました。すると、何もすがるものがなくなった韓国人の心に隙間ができてしまいました。その隙間に入り込んできたのが、朴大統領が排除したはずのキリスト教だったというわけです。

朴正煕

日本に儒教が根付かなかった理由

日本は自然を信仰する神道が基本にあり、そこに仏教文化が絶妙に融合した不思議な国です。仏教以前に儒教が伝わっても、日本には根付きませんでした。先祖を大切にする部分は根付きましたが、上下関係を絶対視するあまり、年功序列ですべてが決まるような考え方は、江戸幕府の開祖である徳川家康が儒教の一派である朱子学を推奨するまで、日本に根付かなかったようです。

キリスト教も上手に利用しています。日本は何事においても以下の行為を繰り返しています。

まずは「adopt」で、新しいものを「取り入れる」。

次に「adapt」で、採り入れたものを「手直しする」。

最後が「adept」で、手直ししたものを「上手に使いこなす」。

聖徳太子の時代、仏教を積極的に取り入れましたが、そのまま信仰するのではなく日本流に手直ししています。ある時代では国家のため、また別の時代には民衆のためと、上手に使いこなしているのです。儒教もそうですし、民主主義も同様です。どれも取り入れた後、日本流にアレンジを加えて、上手に使いこなしています。

時として、オリジナルとはまったく違う意味になっているものもあります。一例をあげれば、日本国憲法は「平等」の概念をアメリカから取り入れましたが、これは意味を完全に変えました。平等とは、アメリカでは努力を惜しまない人には誰にでもチャンスを与える「機会の平等」の意味ですが、日本では、努力をしてもしなくても、同じ利益を享受できる「結果の平等」の意味で使われています。

お互いの環境や能力差といった違いを前提にチャンスを提供するのがアメリカの平等ですが、日本ではみんなで競い合わずに、環境や能力に関係なく、結果を一緒にしようとする風潮があります。「談合」もそうですが、国土が狭く資源が少ない日本では、弱肉強食よりも、みんなで分け合うという考えがあったのだと思います。

突き放す、という日韓関係最善策

韓国は現在、いろいろな問題に直面しています。朝鮮半島は大変な緊張状態にあるのに、韓国は墓穴を掘りまくり、政治も経済もガタガタという状況です。

まずは元凶の一つである財閥依存体質を今すぐにでも解消しなければならないのですが、

実は韓国財閥のほとんどが外資に乗っ取られてしまいました。もし財閥解体をしようとすれば、アメリカの裁判所の管轄になり、韓国はノータッチとなる。となると、簡単に解体もできない。

これまでは日本が助けてきましたが、さすがに日本も「永遠の中二病国《ちゅうにびょう》」には付き合っていられません。韓国との関係を改善するためには、日本は韓国を突き放した方がいいと私は思います。「勘当」するのです。そもそも韓国は日本に甘えすぎです。普段は偉そうに振る舞っているくせに、何かあると甘えてくる。都合がよすぎます。日本も甘い顔をするばかりではなく突き放し、韓国を自立させなければなりません。

韓国は間違いなく「反日」を国是とする国ですが、個々の韓国人は日本が嫌いではないのです。いや、もしかしたら大好きかも知れない。ストーカーがつきまとうのは、嫌いな相手ではなく、好きで好きで仕方ないからで、それと同じ論理です。

実際、日本に旅行で訪れる韓国人の数は毎年増加していることからも、それはよくわかります。政府同士はいがみ合っていても、韓国の一般の人々にとって、日本は極めて魅力のある旅行先なのです。

一般人の交流はとりあえず置いておくとして、日本政府は自国の国益を追求することに徹して、韓国政府とはあまり関わらない方がいいと思います。ソウルの日本大使館の建築を延期していることは、とても良い判断だと思います。

そのうえで、今後、日本は絶対に謝らないことです。韓国人が日本に謝罪を要求する最大の理由は、自分たちが格上という序列を決めたいからなのです。

韓国と仲良く付き合う方法は、韓国を突き放すことしかありません。まずは韓国を甘やかさない。そして、なるべくなら近寄らない。それが最良の選択です。

心ある韓国人の増加もまた事実

2018年10月17日、「韓国・朝鮮日報」は、訪日韓国人観光客の数が「恐ろしい速さで増えている」と報じています。

訪日客層は「クールジャパン」に好意的な韓国の若者が中心だそうですが、政府間の冷戦状態とは裏腹な日韓関係が見えてくるのです。

韓国の若者たちは、間違いなく反日教育を受けています。

私は、ソウルにある「西大門刑務所」を訪問したことがあります。1908年、「京城監獄」という名で開所し、日本統治時代には、独立運動家たちを捕まえて拷問していたという刑務所です。韓国の修学旅行や社会見学のメッカであり、バスを連ねて韓国全土から多くの学生たちが見学に集まってきます。

当然、学生たちはここで「反日」を学びます。日本を嫌いになるように教育されるわけですが、それでも、日本を訪れる韓国人が増えているのです。

嫌いなはずの日本を観光で訪れる理由も、数多《あまた》言われています。

•食べ物がおいしい。
•物価も高すぎない。
•治安が良くて安全。
•実際に接する日本人は親切で優しい。

私はそれだけではないと思っています。

やはり、ネット社会は嘘や偽りを隠し切れないのでしょう。いくら政府が嘘をついたところで、多くの情報を目に耳にすることができれば、真実に近づいていきます。日韓ともに老害者たちは、相変わらず古い問題を蒸し返すばかりですが、情報収集が得意な若者は、日本の実像に気が付いたのではないでしょうか。

つまり、日本は韓国政府が言うような悪い国ではなかった――。

反日教育を今すぐやめれば、大半の韓国人は日本が好きだと本音を口にするでしょう。

日本が世界に期待されていることを正しく知る

北朝鮮にすり寄った文在寅大統領の韓国を、世界各国は冷めた目で見ています。

2019年6月29日のG20大阪サミットの翌日、南北軍事境界線がある板門店で、いわゆるサプライズの形でトランプ米大統領と金正恩朝鮮労働党委員長との緊急会談が行われました。文在寅大統領は、2人の一連の境界線越えのセレモニーの後で、よく言えば奥ゆかしく、悪く言えばまるで蚊帳《かや》の外という感じで姿を見せたにすぎません。この緊急会談は、文大統領がトランプに懇願を重ねて実現したものだという報道も一部ではされています。

前年の2018年11月にアルゼンチンで行われたG20でもそうでした。ニュース映像を見ていると、集合写真の撮影の際、文大統領に誰も近づこうとしません。大統領は真ん中のポジションを確保したまではよかったのですが、話し相手もなく、終始辺りをキョロキョロし、しまいには薄ら笑いを浮かべる始末です。

「これで外交の天才⁉」

思わず、こちらが失笑してしまいました。文大統領は韓国の国内で、そのように評価されていたからです。トランプ大統領との正式会談も、「立ち話」だったり、2分間だけだったり。つまり挨拶程度に変更されており、「外交の天才」はかたなしでした。

そもそもアメリカは（欧米も同じでしょうが）韓国という国など意識していない人々がほとんどです。中国ですら、韓国と大差ありません。アメリカに立ちはだかる危険な国であることを、トランプ大統領の中国バッシングで初めて知ったようなもので、ハワイより西にある国のことに、アメリカ国民の多くは興味がないのです。

一方で、日本はよく知られています。何しろ、かつては最大の敵国でありながら、現在では最重要同盟国の一角を担っていますからね。

日本ではよく「西側諸国」といった呼び方をしていますが、アメリカでは「United States, Europe, and Japan」と呼称します。

直訳すれば、「アメリカ、ヨーロッパ、そして日本」ですよね。

自分たちのことを示す名称に、日本という国名が入っている。ですから、自分たちの味方ということもあって、日本のことはアメリカ人も知っているのです。もちろん、「サムライ」「ニンジャ」「マンガ」「ポケモン」などのジャパンカルチャーに、イチロー選手や大谷翔平《しょうへい》選手といったメジャーリーガーの活躍が日本を知らしめることに大いに貢献しています。

トランプ大統領当選直後の、安倍首相との会談を覚えていますか？

安倍首相は当選直後のトランプ大統領への挨拶にニューヨークまで駆け付け、まるでご主人にしっぽを振るイヌのようだと、日本の多くのメディアにからかわれましたが、真相は180度逆であったようです。

実は、トランプ大統領が安倍首相を最初に招いたという話です。

安倍首相が呼ばれた理由を知りたくなりますが、これは先ほど述べた西側諸国の同盟関係と繋がっているのです。当時、国家安全保障問題担当大統領補佐官だったマイケル・フリン氏が、安倍・トランプ首脳会談のお膳立てをしています。しかもフリン氏は、大統領選挙戦の最中に来日し、安倍首相訪米の打ち合わせをしているのです。それだけ、日米同盟は安全保障上、重要事項だったわけです。

当選して間もないトランプ大統領からしてみれば、アジアのリーダーで信頼できるのは誰でしょうか？

プーチン？　文在寅？　よもや、金正恩や習近平ではないでしょう。

幸か不幸か、安倍晋三しかいない。

マイケル・フリン

ですから、フリン氏は大統領選挙戦の忙しい合間を縫って来日し、日本との良好な関係が続くように下準備をしたのです。

日本はアメリカにとって最重要国です。私は講演会でよく「日本が大国だと思う人は手を挙げてください」と問いかけるのですが、2割の人の手が挙がればよい方です。しかし、G7の中でGDPと人口はアメリカに次ぐ第2位。国土面積はG7の中では第4位ですが、海域（排他的経済水域）を入れれば、世界で6番目の巨大な国家です。日本人は自分の祖国を過小評価しすぎなのです。日米同盟は日米間の安全保障のみならず、世界平和にも直接関わってきます。

安倍首相が良好な関係を結ぶインドとも提携する「セキュリティダイアモンド構想」。つまり、日本・インド・アメリカ・オーストラリアの間で結ぶ新しい安全保障の構想は、アジア地域でますます重視されていくでしょう。日本が果たさねばならない役割は大きくなるばかりです。

このためにも一刻でも早く自虐史観を捨て去り、日本という国の本当の価値を知り、自国を自分たちの力で守ることができる体制になってほしいと、切に願います。

第6章

メディアがまともになれば日本は世界一

「反対のための反対」はリラベルでも何でもない

左派メディアの「反自民」「反安倍政権」の姿勢は、私にはまったく理解できません。彼らは、安倍政権の閣僚と自民党所属の政治家だけを敵視しています。「長年権力を握ってきた自民党の政治家は悪いことをするから、付き合わないし、支持もしない」と決めつけている。一方で、野党政治家については、与党所属なら議員辞職に追い込まれそうな不祥事を起こしても、「報道しない自由」を行使して必死にかばう。要するに「身内びいき」です。この不公正な二重基準をかたくなに守りながら、「メディアは権力を監視している」などときれいごとを言う。このような「不公正なメディア」こそが、国民から最も監視されるべき権力なのです。

今の日本の左派メディアは、安倍晋三内閣を政権の座から引きずり下ろすことを主目的にしています。「パソコンを打てないIT大臣」などと、些末《さまつ》な閣僚の落ち度ばかりを探している。しかし、暗黒の民主党政権時代から、景気を回復させて失業率も低下させ、国内では集団的自衛権の限定的行使容認、テロ等準備罪成立とパレルモ条約締結、外交ではTPP11や欧州貿易協定などの成果を上げた安倍内閣を倒閣したいというのは、彼らに国家観や大局観がない証拠か、もしくは、日本の政権が無能であるほど恩恵を受ける外国のために働いているか、そのいずれかでしょう。

そもそも、民主主義国の主権者たる国民がメディアに求める役割は、「事実を取材してそれを正確に伝えること」なのです。それなのに「メディアは常にリベラルで反権力であるべき」という思い込み自体が、失笑してしまうほどおかしなことです。そういう「中二病的なお約束」は、ロックンローラーやラッパーに任せておけばいいのです。

私自身は、「何事も保守的であるべき」とはまったく思っていません。「今までの保守政治はこの部分が足りなかったり、間違っていた。だから我々はこういうリベラルな政治を行いたい」という考えで、その主張に合理性と現実性があるならば、私は野党であっても支持します。ただし、「将来行うべき政策は、とりあえず現政権を倒閣してから考えます」という現在の野党では、権力と共に生じる責任は負えないのです。

いや、立憲民主党や国民民主党など、旧民主党出身の野党政治家は、本音では政権を握る気などないのだと見ています。政権交代を果たして日本国の最高権力を握っても、そこで背負わされる重責とハードワークに対する見返りは大したことがないということを、彼らは知ってしまいましたからね。選挙に当選し続けて国会議員の地位さえ維持できれば、世の中でこれほど楽な仕事はない。何しろ国会やメディアでワーワー騒ぐことが主な仕事であり、政治家として「結果を出す必要がない」のですから。

だから、彼らは「無責任野党」と呼ばれ、与党の足を引っ張ることしかできなくなりました。

そして左派メディアも、同じ手法に乗っかったのです。つまらない揚げ足取りに終始し、大事な法案などを通さないことに協力にする。反権力とは名ばかりで、日本の国益を毀損《きそん》していることにも気が付かないか、あるいは知っていてやっているのか、まさに彼らこそ監視すべき対象です。

反対のための反対しか唱えない反権力政党やメディアを「リベラル」と呼ぶのは、本来、定義的に間違っています。リベラルは「理性的」かつ「進歩的」で、「寛容」でなければならない。それが本来の言葉の意味だからです。

そこへいくと、日本のリベラル勢力は、不寛容の極みで、些末な出来事で政敵の足を引っ張るだけの存在に成り下がってしまいました。今からおよそ60年前、時の岸信介政権に石を投じて総辞職に追い込んだ、「60年安保闘争」の栄光が忘れられないかのように、岸氏の孫である安倍晋三政権を否定します。

実は最近のアメリカ（トランプ大統領誕生以降のアメリカ）では、リベラルに違和感を持っている人々が増えています。

「批判ばかりで、うっとうしい」「口だけ達者で無責任な連中」と痛烈に批判しています。

この考えはアメリカの保守層ばかりでなく、一般の常識にもなりつつあります。日本の人々も政府批判ばかりする政党や評論家の正体に早く気付いてほしいのです。日本のリベラルは本当のリベラリストとは異質な存在です。

もっと正しく議論すべき「ジャパン・ファースト」

さて、トランプ大統領は、共和党予備選への出馬時から、大統領就任後約2年半が経過した現在に至るまで、「アメリカファースト」を一貫して唱えています。翻《ひるがえ》って、日本はどうでしょうか。

日本はよその国の顔色や反応をうかがうばかりで、とりわけ、中国・韓国には舐《な》められっぱなしではないでしょうか。

例えば、皆さんに「日本はもっと国益を主張すべき」と説きますと、反応は様々です。ある高齢の男性からは「国益を主張するのは日本人の美徳ではないよ」という言葉を頂戴しました。私も長年日本に住んでいますから、日本人の美徳に「奥ゆかしさ」があるのも知っていますが、国益に通じる外交問題は、きれいごとではすまないのです。

それこそ丁々発止《ちょうちょうはっし》の、騙すか騙されるかの頭を使う戦争です。

かつての日本は、決してこのような駆け引きが下手《へた》だったわけではないのです。

明治新政府は、欧米列強諸国との不平等条約の改正のために、あの手この手を使っています。日露戦争では、バルチック艦隊を全滅させた日本海海戦のように、戦闘には勝利しましたが、その後の講和交渉で苦汁を舐めています。

このような、勝つか負けるかの外交を繰り返し、自国の国益を手に入れるのが、国家として極めて普通の、まっとうな姿です。

私の講演会では、根本的な質問も投げられます。

「日本の国益って何ですか?」

国益の意味も知らないことに、アメリカ人の私は驚かされるのです。

国益を一言で表すなら、「国土を守り、国民の生命と財産を維持すること」でしょう。

日本は昭和20年（1945）8月15日のポツダム宣言受諾後に、ソ連の侵略で北方領土四島を奪われました。また、サンフランシスコ講和条約締結直前に、韓国によって竹島を侵略され、今も実効支配されています。そして中国は豊富な海底資源が眠る尖閣諸島を日本から強奪する気満々で、中国海警局の巡視船が頻繁に領海侵犯を行っています。そして北朝鮮が日本の国内からたくさんの日本国民を拉致して返還していないことは、ご存じの通りです。

日本人の中には「憲法9条を軸とした平和主義が戦後の日本を守っている」と本気で考える方もいるかも知れませんが、そもそも「戦後の日本は平和だった」という前提すら怪しいわけです。そして当然のことながら、先ほど述べた通り、相手の裏をかくような外交が行われる世界で「平和主義」などという「性善説を基礎とした理想論」など通用しません。

「平和主義という呪文を唱えれば、世界が平和になる」とでも思っているのなら、おとぎ話の世界であり、残念ながらフィクションです。この「魔法の力」を信じて在日米軍や自衛隊を放棄したら、日本海に向けてミサイル発射を繰り返す北朝鮮や、尖閣諸島をはじめ日本の海洋利権に触手を伸ばす中国は、まず間違いなく大喜びするでしょう。

日本の安全保障を取り巻く環境は、厳しさを増しています。日本の国益を侵害しようとする勢力が、今この瞬間にも現れる可能性があるのです。

もう一度言いますが、国益を守るのは「平和主義」の呪文ではなく、経済力と技術力、そして軍事力の強さを背景にした外交力です。日本は経済力と技術力はまだありますが、軍事力は在日米軍がいなければ、危うい状態だと言わざるを得ません。

とりわけ、自衛隊は「平和主義の魔法」をかけられ、自由に身動きがとれない。しかも、自衛隊の存在意義まで否定する政党が、国会や地方議会にたくさんの議席を持っています。根拠のない憶測や希望的観測、ナンセンスな話を信じる日本人が彼らに投票するからです。彼らは「憲法改正」を「日本人が犯し得る最大級の間違い」と信じているようです。

世界が憲法改正を待っているという事実

私は憲法改正論者です。日本国憲法の草案を、無責任なアメリカ人が書いたという歴史的事実に罪悪感を覚える在日アメリカ人だからです。しかし、最終的には日本国民である皆さんが決めることです。正しい判断をするには、「平和主義の幻想」にとらわれず、現実を見据えた決断をしてほしいと思っています。

中国、北朝鮮、韓国、ロシアという日本の近隣4カ国と、それらの国と親交が深い小国を除けば、「世界中の国々が日本の憲法改正を待っている」と思います。

戦後の日本は「敗戦国」というポジションに閉じ込められて、軍事や安全保障を真剣に考える機会が与えられませんでした。これはGHQをはじめとする連合国の責任です。

さらに国歌である「君が代」、国旗の「日の丸」でさえ軍国主義のシンボルのように嫌われた理由も、GHQによる占領政策の残滓であり、アメリカ人の私にも悲しい現実です。

何しろ、アメリカは「人種のるつぼ」ですから、国家として統合を保つために、象徴となる国歌や国旗は非常に大事な存在です。米軍基地内にある映画館では上映前に国歌を流しますし、ニューヨークの街中を歩けば、星条旗を至る所で目にします。

戦後70年を過ぎ、世界の状況は大きく変わりつつあります。日本は敗戦から日米同盟を選び、安全保障をアメリカに委ねました。その選択は終戦当初は間違っていませんでした。しかし、長年にわたってアメリカに依存する状態が続いたことにより、すっかり病気のようになってしまったのです。「平和ボケ」という病です。

私は、憲法改正をテーマにした講演会によく呼ばれます。先日も千葉県の議員さんが開かれた政策勉強会で講演しました。

「平和ボケ」の治療のためには、学校では決して教えない知識を勉強するしかありません。日本の小中学校は昭和20年（1945）から、「軍隊は悪」という虚偽を刷り込む洗脳施設と化しました。多くの日本人はその虚偽に洗脳され、思考停止したままなのです。

トランプ大統領は大統領選挙の際に、航空機の格納庫など大きな空間を確保し、たくさんの人々に持論を訴えかけました。日本の政治家もこのような勉強会を開くべきです。政治資金集めのパーティー前に、少しの時間だけ政策について話す程度では、まったく足りません。自分の支持者に訴えるだけでは、大きなムーブメントにはならないからです。

そもそも、「自主憲法の制定」のために、保守合同で結党されたのが自民党なのですから、所属議員は各選挙区で地方議員と協力して、憲法改正の必要性を訴えるキャラバンをやるべきです。政治家としての知見を活かし、日本が置かれた状況と改憲の必要性を国民に直接訴える運動を、各都道府県で展開するのです。野党が大好きな「草の根運動」の保守版です。

メディアのバッシングを恐れていてはダメです。バッシングすればするほど話題になりますし、どうせ例によって「戦争になる」とか「徴兵制になる」など内容のないバッシングしかできないので、かえって好都合。メディアの化けの皮も剝がれていくに違いありません。

アメリカでは家庭でも、政治について当たり前のように議論を交わします。父親と息子が現政権の政策について意見を交わすのはよくある光景です。日本の家庭では、そういった話をほとんどしないでしょう。憲法改正に対する国民の要求が本格化すれば、変わってくると思います。政治に関心をもつことは当たり前のことですし、「常識を疑って自分の頭で考えること」は、「右傾化」でもなんでもありません。私はこれを「正常化」と呼んでいます。

日本人はとりわけ、軍事知識の普及は戦争に繋がると考えすぎています。それに憲法改正が、なぜアジアの侵略に繋がるのか、「風が吹けば桶屋が儲かる」と同じ論理的な飛躍で、まったく意味がわかりません。これは幻想を通り越して、もはや「妄想」です。

何もわからないなら、新しい知識を素直に学ぶことです。わからないことは、とりあえず反対しようという日本人は多くいますが、それは民主主義国家の「主権者」として、無責任な態度だと思います。

アメリカの軍事力に依存するのではなく、対等なパートナーとしてひとり立ちすべきときは、とうの昔に来ています。「平和ボケ」を治療し、健全な日本を取り戻しましょう。

日本とインドの絆の重要性

最近の報道では、安倍首相がロシアや中国にずいぶん歩み寄っているといった報道がされがちですが、なぜか真実が報道されていません。

ビジネスマンの方が、とうに気が付いていて、企業の多くが中国からインドへと拠点をシフトしています。先見の明のある人は、インド関連の事業で多忙を極めています。

実は、平成29年（2017）9月、安倍首相がインドを訪問して、パレードも行われるほどの大歓迎を受けていますが、驚くほど報じられませでした。左派メディアは「安倍首相の支持率が上がる話題」は本当に日本国民に教えないのです。もはや笑い話としかいいようがありませんが、それこそこういった映像は「YouTube」でしか見られません。インドのナレンドラ・モディ首相からハグされる大歓迎ぶり。同時期に習近平も訪問していましたが、こちらは握手を交わすのみ。映像からは、安倍首相がいかにインドで歓迎されているかが、よくわかります。

インドのモディ首相にハグされる安倍首相
(2017年9月14日)
© ロイター/アフロ

日印の首相同士が毎年交互に訪問することが約束されており、日本のみならずインドも日本をパートナーとして重要視しているのです。

1959年にチベットのダライ・ラマ14世がインドに亡命し、中印国境紛争も1962年に起きたことから、長らくインドと中国とは険悪な関係でした。しかし、最近は貿易の輸出・輸入相手として関係を改善しています。ただ、イギリスからの独立を支援してくれた戦時中の日本への感謝の気持ちをインドは決して忘れておらず、戦後も基本的には親日国家です。しかし、「日本は敗戦国」という戦後レジームの中、親日勢力はしばらく影を潜めていました。

それが一転、モディ首相の歓迎ぶりからもわかる通り、現在、インド内の親日勢力は息を吹き返しています。

マハトマ・ガンジーと並び立つインドの英雄、チャンドラ・ボース。インド国内では、ガンジーを上回る人気があるとも言われています。志半ばで非業の死を遂げたことから、日本でいうと、坂本龍馬や吉田松陰、高杉晋作のようなイメージかも知れません。

第二次世界大戦時、日本の支援でインド国民軍を組織し、武力によるインド独立を目指した活動家のリーダーです。日本が敗戦した直後の8月18日、日本陸軍の九七式重爆撃機で台湾から大連に向かう離陸中に発生した事故で亡くなっています。

チャンドラ・ボース

ボースの碑（杉並区 蓮光寺）

実は、ボースのお墓と記念碑が東京都杉並区の日蓮宗蓮光寺にあります。戦後のインド国内で「忘れられた英雄」と目されてきたチャンドラ・ボースの復権にモディ首相が本格的に取り組んだ大きな理由は、日本との関係を重視したいからです。安倍首相をはじめ政府首脳はそれを十分に理解し、応えようとしています。もちろん主たる目的は、邪悪な下心を持つ中国の影響力の排除です。

この日印関係の歴史と現在を、なぜか日本のメディアは正しく報道していません。

ほかにも似たような例があります。

平成27年（2015）4月、アメリカ議会上下両院合同会議で行われた安倍首相の演説です。日本の内閣総理大臣としては初めての快挙です。私はこのときNHKの生中継を見ていましたが、番組を担当した島田敏男NHK解説委員は、事前に上司から「絶対に誉めてはいけない」と命令されたのでしょうか。上下両院の連邦議会議員が何度もスタンディングオベーションを行ったこの演説を、精一杯にけなしていました。この演説をけなすのは、それを喜んで受け入れたアメリカ人を侮辱する行為だと気付かなかったのでしょうね。

ちなみにこの演説に先立ち、アーリントン国立墓地で無名戦士の墓に献花する安倍首相を、米軍の陸・海・空・海兵隊の四軍儀仗隊《ぎじょうたい》が出迎えて、厳《おごそ》かな雰囲気の中で献花が行われました。海外マスコミの反応も高評価でした。しかし、この素晴らしい式典の様子も日本のテレビは報道しなかったようです。我がアメリカ合衆国の軍隊が、安倍首相に最高の儀礼を尽くす様子を、日本のメディアが意図的に報じないのは、アメリカ人として本当に腹が立ちます。
日本国内では、「安倍首相が世界中の国々で高く評価されている」とか、「日本は国際社会で一、二を争う重要国である」といった内容は滅多に報じられません。これには何かありますす。誰かが意図的にそうしているのは明らかで、これが戦後の日本の「メディアの闇」です。

メディアの闇といえば、海外発信の窓口の一つで、東京・丸の内にある「日本外国特派員協会」(The Foreign Correspondents' Club of Japan / FCCJ)も厄介な存在です。

ここに加入している記者たちには問題児が多い。インターネットで「ネトウヨ」から厳しい批判を受けていると訴えるデイビット・マクニール記者は、その象徴的存在です。彼は、朝日新聞が慰安婦問題で謝罪・訂正記事を載せたのは、安倍政権の圧力に屈したせいだと報じていました。慰安婦に会って取材したとも話していますが、恐らくアポイントすら取っていないでしょう。取材もせず、日本の左翼メディアが流す情報に、自分の左翼的な思想まで付け加え、さらに憶測も入れて、事実を歪曲《わんきょく》し、海外へ記事を発信してしまう。

他にも、「日本を貶めたい外国人記者」はたくさんいます。日本の左翼メディアが日本を貶めようとするネタを作り、そのネタをそのまま検証もせず、反日外国人記者が海外へと流しているのです。中には日本語の会話が苦手で、漢字を読めない記者もいるようですから、日本できめ細やかな取材をする能力がない。まあ、日本の大手メディアの海外特派員も似たようなものだから、ニューヨークタイムズやCNNの偏向報道を右から左に流すのでしょう。

もともとFCCJも、海外発信される占領中の日本に関する情報を、GHQがコントロールするために、マッカーサーの執務室があった第一生命ビル内につくった「東京特派員クラブ」からスタートしたものです。「左翼偏向メディアの連携体制」は歴史が古いわけです。慰安婦問題もこのような連携を通じて広まったと考えれば納得がいきます。

海外の報道機関や通信社と提携を結んだ場合に、双方が情報を提供し、相互に検証したうえで報道するのなら、まだ理解できます。ですが、ただ提供された海外情報を検証することなく国内に発信する行為をどう評価すべきでしょうか。最近の判例では、誰かが発信した名誉棄損の内容を含むツイートを第三者が「リツイート」しただけでも、名誉棄損が成立するという民事判決が出ています。日本テレビ『行列のできる法律相談所』でも、北村晴男弁護士以下、出演した3人の弁護士全員が、「名誉棄損になる」と判断しました。

メディアの連携といえば聞こえはいいですが、情報発信について、個人の素人ですら重い責任を負う時代、CNNなどの海外メディアが「20万人もの朝鮮人女性が強制連行されて日本軍の慰安婦にされた」という与太話を今後また報じたとしたら、「朝日新聞が嘘を報じるとは思わなかった」という言い訳は通用しませんよね。

アジアが望む「強い日本」

自分の国は自分が守る。その覚悟がいよいよ日本人に問われています。憲法改正による抑止力の強化はもちろん急務ですが、「歴史戦」のような言論戦争においても、サイバー戦争においても、戦うべきときは戦う。その覚悟と準備が日本人に求められています。

どんな小国であっても「国」として扱われる限り、それを真剣にやっています。それが主権国家というものです。日本は戦後70年間、近隣に仮想敵国が複数あるのに、国家主権のいちばん重要な国防を他国に肩代わりさせて、滅亡を免れてきた。これは地球の歴史から見ても奇跡に等しいと思います。奇跡であると同時に、ひとえにそれは日米同盟のおかげでしょう。しかし、はっきり言いますが、アメリカは日本のために日本を守ってきたわけではありません。日本を守ることが、アメリカの国益にかなうと判断しているから、日本を守っているだけです。「憲法9条を押し付けたからやむを得ず」という部分はありますが、「憲法9条の条文がバリアを張ってくれたおかげ」と思ったら大間違いです。

アメリカが米韓同盟を締結して韓国を守ってきた理由も同じです。北朝鮮が韓国を侵略したら、共産主義と自由主義との境界線が、朝鮮半島の38度線から対馬《つしま》の北まで下がってしまう。これだと何かと大変だから、在韓米軍を置いて韓国を守ってきた。ところが、韓国の文在寅大統領は、韓国を北朝鮮にプレゼントするつもりに見えます。もはやアメリカの軍事力で韓国を守る意味はないことになるのです。

つまり、ますます今後の日本は、軍事力を強化しながら、国際社会に対する情報発信もしなければならない立場になっていくのです。日本が戦後再び短期間で先進国になれたのは、もちろん日本人が勤勉に働いたおかげもありますが、別の側面から見れば、世界中の富を吸い上げることで、自分たちの経済レベルを最高位に押し上げたからです。日本企業が発展したことで、アメリカやイギリスの企業はたくさん倒産しました。それが先進国同士のフェアな競争の結果であればやむを得ません。でも中国の場合は、不正な競争で勝ち上がっているので、それをやめない限り、自由貿易の仲間から外すと言われているわけです。

発展途上国のために、日本はODAや技術供与はしてきたかも知れない。天然資源や農作物を買ってあげたかも知れない。けれど、強い軍事力で小国を守る恩返しはしていない。それに加えて必要なのは、日本からの心の発信です。「アジアの治安の乱れは日本が絶対に許さないから安心しなさい」というメッセージです。これは大国としての義務ですが、アジア諸国に届いているとはいいがたい。無責任にも感じます。

アジアの国々に対し日本が今必要なのは、中韓が言うような「心からの反省とお詫び」などではなく、「アジアの未来は日本が守る」という心からのメッセージです。アジアの大国としての自信と品位ある立ち居振る舞いです。傍若無人《ぼうじゃくぶじん》な行動は日本が絶対に許さないという決意です。今こそ、その覚悟を世界に示すときです。

日本が防衛力を強めると、アジアの国々は警戒するとか恐怖するとかいう人がいます。怯えるのは中国、北朝鮮、韓国の3国だけです。ロシアも歓迎はしないでしょうが、恐らく干渉してくることはないでしょう。それ以外の国は大歓迎します。それを期待しているのです。強い日本でいてほしいと思っています。

令和元年（2019）6月のG20大阪サミットの直前にトランプ米大統領が「日米安全保障条約は日本の米国防衛義務の点で見直されるべきだ」という趣旨の発言を米テレビ番組で行って話題になりましたが、これもまた、強い日本が望まれていることの端的な表れでしょう。

アジアの国々はみんな、中国の横暴に戦々恐々としているのです。アジアのリーダーであるのは中国ではなく、日本であってほしいし、日本でなくてはいけないと本気で願っています。

安倍首相が安保法制を国内で固める前に、アジア各国を含む世界中を外遊しましたが、反対する国はありませんでした。中国と韓国、北朝鮮は日本の無責任野党と同じで、安倍政権のやることには全部反対するのだから、聞く必要もない。他の国々は皆、満場一致で賛成だったではありませんか。日本のマスコミはそういうことをあえて報道しません。

日本経済はいまだ復活途上、という視点

翻って、これだけ世界から期待されている、当の日本社会はどうでしょうか。アベノミクスが期待外れと批判する人々は、経済政策の失敗で格差が広がっていると口を揃えて指摘します。

一方で数字は嘘をつきません。

令和元年（2019）6月28日の総務省公表のデータによれば、5月時点での完全失業率は2・4%。就業者数は6732万人で前年同月に比べ34万人の増加。雇用者数は5993万人で前年同月に比べ62万人の増加。いずれも77カ月連続の増加です。経済は目に見

えて改善しています。

実を言いますと、アメリカの話なのですが、「景気はいいのに一般の労働者の収入が増えていない」と多くの人が話しているのですが、あれは「統計の嘘」です。私は大学で「統計学」の講義を受講したのですが、担当教授の第一声が今でも忘れられません。彼は「これから皆さんに統計学の講義をしますが、一つ絶対に忘れてはいけないことを教えておきます」と前置きし、このように言ったのです。

「統計は作り方次第で、どのような事実だろうと証明できる」

20歳前の私には強烈な印象として、心に残りました。絵画や工作と同様、作り手側の素材選びとテクニック次第で、なんでも「リアルな感じ」に操作できるという意味です。以来、特に政治的な世論調査結果は、まったく信じなくなりました。

「どのようにでも操作できるわけ」ですから。

カリフォルニア州弁護士として海外企業のコンサルタント業務での体験談もあります。日本で輸入食品業を起業しようとする会社が、「マーケット・リサーチ」を依頼しました。1回の調査で5~6人ずつ、新商品を食べてもらった後に感想を話してもらう。「うまいかまずいか」「食感はどうか」、あるいは「食べやすいか」など。そのうえで、会社が扱おうとしている新商品が売れるか売れないのか結論を出すのですが、結果は集まる人の属性によって、ガラッと変わるのです。性別や年齢、住んでいる地域によっても味の好みがまったく違うのです。よって、本来、若年層や中高年齢層、男性・女性などきめ細かいグループに分け、統計を取ったうえで分析し、データを作る必要がある。当然、時間もお金もかかります。

かたや、メディアの普通の世論調査は無差別というばかりで、きちんと調査対象の属性を選んで補正を行っているかすら怪しい。2016年のアメリカの大統領選挙で、世論調査結果の勝者は、投票日直前までずっとヒラリーでした。フタをあけたらトランプ圧勝だったわけだから、選挙に関する世論調査は本当にアテにならない。

いろいろな統計を出してきて、アベノミクスが失敗だという人がいますが、私は違うと思います。あえて苦言を言うなら、アベノミクスの第3の矢である「規制緩和」が十分に進んでいない。ここが失敗と目《もく》される原因だと思います。

私が昭和55年（1980）に就職して東京に住み始めた頃、日本の物価はとても高かった。東京の物価は世界一高いと言われていました。その後さらに物価は上がりましたが、ピークを迎えて、今現在、食品などの値段は30年前と変わらない物も多い。「デフレ」の弊害を指摘する人も多いですが、私は給料さえ下がらなければ、そう悪いものでもないと考えています。

そういった意味でも、アベノミクスは大成功とまではいえなくとも、失敗はしていません。

もう一つ苦言を呈するなら、消費税でしょうか。やはり10％に上げると、消費は落ち込むでしょう。作家の百田尚樹氏と対談した際にも話題に上がったのですが、その昔、仁徳天皇は税金を6年間も廃止して、国民が潤ったと聞きました。トランプも減税を行っていますし、日本も今、世界経済の先行きが怪しい中で、「増税」という選択肢はないと思います。しかし、自民党は２０１９年7月の参議院選挙の公約に「全世代型社会保障や財政健全化に向け税率を引き上げる」と増税を明記してしまっていました。日本の消費活動の腰を折る弊害よりも、財務省のメンツを維持することの方が、安倍政権にとって重要なのであれば、今回ばかりは仕方がなかったのでしょうが。

忘れてはいけないアベノミクス第3の矢の存在

アベノミクスでどうしてももの足りないことは、第3の矢である「規制緩和」です。平成30年（２０１８）に話題をさらった加計学園問題の本質はここにありました。

平成29年（2017）6月2日の「日本経済新聞」の記事によれば、「国は50年以上にわたって獣医学部の新設を認めてこなかった。日本獣医師会が強く反対し、文科省や農水省も『獣医師の数は不足していない』などと説明してきたためだ。加計学園は地域を絞って国の規制を緩める構造改革特区の制度に着目。福田康夫政権の2007年から今治市を通じて毎年、獣医学部の新設を提案してきた（後略）」とあります。

獣医学部の新設計画に、その地域と全国規模の獣医師会が強く反対するという、まさに典型的な「規制緩和VS既得権益」の事例です。

安倍政権をバッシングできる材料であれば、ダボハゼのごとく何にでも喰いつくメディアの逆風に屈することなく、加計学園が風穴を開けたように、岩盤規制を崩していかなくてはなりません。そのためには許認可制度は、できる限りなくした方がいいのです。

安倍政権には規制緩和のスピードアップが必要でしょう。現状維持ではなく、絶えず変化する、新陳代謝が起こる社会が望ましいのです。

私の国アメリカでは、変化を好まない人は社会から脱落していきます。例えば、ご存じの通り、私はカリフォルニアの弁護士資格を有していますが、これも未来永劫にわたる資格ではありません。3年ごとに更新があり、更新のためには判例などの新しい知識を吸収すべく、指定された講習を受講する必要があるのです。

アメリカという国はこのような新陳代謝の制度を取り入れることで、社会を健全に機能させています。バケツの中の水のように動かない水は、腐ったり、ボウフラの住処《すみか》になるものなのです。それは日本でも同じはずですが、弁護士、医師、高級官僚、あるいは大企業の社員のように、一度難しい試験にパスして地位を得た人たちが、それを脅かされる制度を導入することに、徹底的に反対する印象があります。現場の日本人は大半が働き者なのに、社会的地位が上の日本人ほど、変化を恐れる怠け者の割合が増えて、会社や組織の「お荷物」になっている印象があります。今、業務時間中にこの本を読んでいる、あなたのことですよ！

もちろん、「急《せ》いては事を仕損じる」ということわざもあるように、規制緩和には気を付けておくべき点もあります。

外国人の私が警告するのも変な話ですが、「外資規制」を緩くしすぎると、電気、ガス、水道、放送局、通信インフラなど、日本人が生きていくうえで必要不可欠な社会基盤を外国資本に占有されかねません。関西地方では「上海電力」の進出が噂されています。日本の送電網のほんの一部とはいえ中国企業に握られるのは、安全保障上いかがなものでしょうか。

規制緩和にはこのような落とし穴があるのです。少なくとも基幹産業は国内企業に限定することが必要かも知れません。

また日本では、規制や条件の緩和や、免許や許認可の付与など、役所が一度実行したことで不都合が生じても、なかなか元に戻そうとしませんが、組織や先輩のメンツのことよりも、国益や国民の安全を第一に考えてください。新規参入を認めた企業に問題があった場合は、ためらうことなく認可を取り消すべきですし、免許を長年維持している会社でも、重大な不祥事があった場合は、新規参入企業と同じレベルで責任追及すべきでしょう。

総務省が重大事故と判断した事例として、平成30年12月に起きた、ソフトバンクの携帯電話の通信障害は記憶に新しいところです。およそ半日近くにわたって続いた通信障害の結果、発生後の約5日間で1万件のユーザーが解約しています。

しっかりとなされるべき規制緩和の議論

日本の規制緩和のはしりといえば、平成3年（1991）の「大店法の改正」でしょうか。

百貨店、量販店などといった大型店舗が出店する際には、地元業者と事前に調整が行われていました。正式名称「大規模小売店舗における小売業の事業活動の調整に関する法律」があったからです。その略称が「大店法」です。

貿易不均衡の解消を目指す「日米構造協議」を踏まえて、外資系量販店の参入を望むアメリカ側の意見を取り入れ、出店調整の規制が緩和されることになりました。

この規制緩和によって、大きな店舗が出店した町にあった地元商店街が「シャッター街」になったといわれています。

既得権益を守りたい人たちからすると、メディアを抱き込んで「雇用機会の減少」を叫んだのですが、実は、雇用機会は減っていなかったのです。

アメリカの統計なので、日本も同じかどうかわかりませんし、そもそも「統計など信じるな」と、つい先ほど本書で言ったばかりですが、まあ聞いてください。郊外に「ウォルマート」（全米最大級のスーパーマーケットチェーン）ができると、近くの地元商店街にある店舗の多くが潰れます。ですから、小規模商店の経営者は、従来の生活スタイルを維持できません。ただし、労働者の雇用機会は減るわけではありませんでした。

例えば、ウォルマートで雇用される人も出てきます。ウォルマートに集まる大勢の客足を狙って、その周辺に新規出店する店舗も出てきます。ガソリンスタンドやカー用品店も流行《はや》るかも知れません。「地元商店街が潰れて失業者が増えるから大型店舗の出店反対」

という指摘は、完全な誤りとは言いませんが、100%の正解でもなかったわけです。

また、商店街で1000円で売っていた商品が、スーパーでは500円、さらに大型ショッピングセンターなら350円となれば、今まで1個しか買えなかった物が3個も買えるようになります。これは経済用語で「幸せの量が増える」と言います。

商店街に入っている店舗だから、顔なじみの方に定価で販売して、長年にわたり商売できた。極端に言えば、その間、企業努力はゼロに等しい。購入者にとって何もメリットがないなら、同じ物が安価で手に入るスーパーマーケットで購入するのは当たり前の話です。

ですから、今でも生き残っている商店街の店舗は、昔ながらの酒屋であっても、日本酒やワインの品揃えを豊富にして、店長がお客さんの好みを聞けばピッタリのお勧め商品を出せるよう勉強しているなど、専門性を出す企業努力を怠りません。

そして、大店法の改正からおよそ30年経ちますと、今度は小規模な商店街を駆逐した大型店舗が「通信販売」に取って代わられようとしています。

ウォルマートも、大手通販サイト「アマゾン」に対抗すべく、オンラインのサイトを立ち上げるなど、新たなビジネスを模索しています。一方、125年以上の歴史を誇り、アメリカに郵便局しかない時代から、魅力的なカタログ通販で全米を席巻し、後に店舗展開も行って小売最大手として名を馳せた「シアーズ」は、2018年10月に破産しました。

これもアメリカの新陳代謝の典型例です。

規制緩和は経済を活性化させます。我々は自分たちが既得権益を守ろうとするだけの立場に落ちぶれないよう、常に努力を怠ってはならないのです。

メディアが無視する勤勉な日本の女性たち

安倍政権が進める「女性が輝く社会」の揚げ足をとる大手メディアこそ、自分たちの姿を見ていなかったりします。彼らは安倍政権の政策が遅々として進んでいないことを批判しますが、その実、自分たちの会社自体が男社会なのに気付いていないのか、あるいはわかっているのに口をつぐんでいます。

新聞社にしてもテレビ局にしても、女性社員の数は増えていないようです。確かに見た目には増えています。例えば、テレビ局では男性しかいなかったAD（アシスタントディレクター）職に、女性が就いています。私が『世界まるごとHOWマッチ』に出演していた頃には、女性ADなど考えられませんでした。

ただし、アシスタントディレクターやアシスタントプロデューサーはいるのですが、その上であるディレクター以上の役職に、相変わらず女性は少ない。特にプロデューサーは、めったに見かけません。私が偶数週の水曜日にレギュラー出演している、DHCテレビ「真相深入り！ 虎ノ門ニュース」の場合は、女性プロデューサーもいますけどね。

これが、本来、開かれているはずのメディアの実態です。男性たちが、それこそ「既得権益」を守ることに汲々としているのかも知れません。まあ、昭和の時代のテレビ業界を思い出すと、暴力やセクハラ、パワハラは日常茶飯事でしたし、今でも下請け、孫請けの制作会社には、睡眠時間を削った体力勝負のところもあるでしょう。

その点、やはり外資は優秀です。女性たちが高いポジションについて活躍しています。講演会で「外資系の企業が成功する秘訣は何ですか？」と質問されると、「女性を雇うのが上手なこと」と、私も答えるほど、外資系企業は女性社員の扱いを心得ているし、外資系に勤める日本人の女性社員は優秀だと思います。

能力ある社員を活躍させたければ、男女を問わず、それにふさわしいポジションを用意することです。これがまず、女性たちを活躍させる仕組みになります。

また、日本では結婚後、出産のために退職した女性は往々にして、元の職種に戻れないことが多くあります。「残業できないから」「激務だから」と、男性側は女性を元の職場に戻さないよう、いろいろと理由をつけたがりますが、もともとその職種をこなしていた彼女たちに能力がないわけがありません。彼女たちに仕事をさせるために必要な環境が整っていないだけなのです。女性の働き方改革のためには、制度としての規制緩和にプラスして、託児所などの環境整備と、彼女たちを受け入れる会社側の、特に男性上司の意識改革が必要でしょう。ここをクリアすれば、女性の「働き方改革」は必ず進んでいきます。

ちなみに、この改革の旗振り役に「フェミニスト」を選ぶと失敗します。アメリカでは彼女たちのことを「フェミナチス」と揶揄しますが、彼女たちは意外にも、女性の共感を得られないのです。なぜなら彼女たちは、一見、女性のための権利を述べているように見えますが、専業主婦をバカにするなど、本当は「女性の権利」にかこつけて、自分たちの主張を通すことしか考えていませんから。

いまだに寝かされたままの人材活用

新卒一括採用、終身雇用、年功序列といった「ニッポン」の会社の強みだった部分が、平成の時代にかなり崩れました。それでも、「悪弊」の部分は残っています。

例えば、終身雇用を前提にしているから、「中途採用」のシステムがほとんど機能していない企業がまだ多い。私の知り合いの息子さんは、新卒時の就職試験に失敗したという理由で、父親が経営する会社に勤めています。父親の会社に勤めること自体は悪いことではありませんが、就職試験を受けたということは、よその会社に入りたかったのだと思います。それなのに、チャンスが新卒採用の一度しかなく、それに失敗したらもはや選択肢がないなど、アメリカではあり得ない話です。

日本にとっても不幸な話でしょう。有能な人材を日本古来のシステムにこだわるあまり、失っているのですから。もう一度言いますが、日本の会社制度の多くは、平成から令和へと改元した年には「悪弊」の方が目立ちつつあります

新卒者の採用は一生に一度しかチャンスがなく、女性は一度職場を離れると、なかなか復職や再就職できない。

能力がある人物なら、年齢も性別も関係ないはずです。ちなみにアメリカでは、履歴書に年齢を書かせることは禁止されています。顔写真を貼ることも禁止です。年齢や容姿は仕事の能力とは無関係なので、書類選考の基準に入れさせないためです。

もっと「ヘッドハンティング」のようなやり方で優秀な人たちがライバル他社に引き抜かれてもいい。バブル期の話ですが、金融機関などは儲かって仕方がないから、税金を払うよりも経費を使いたくて、若手社員のMBA留学費用を負担していました。そうやって

MBAを取得して帰国した優秀な社員は、2~3年の人間関係のブランクのせいで、会社での居場所がなくなっている。せっかくのMBAの知識を活かす役職や部署もないから、結局、外資系に転職してしまうのです。このようなバカな話は欧米では聞いたことがありません。

日本の経営者の多くは、とりわけ人材活用に長《た》けていない。人材はいくらでも眠っている。いや、寝かされているのです。

子供のいる女性に働いてもらうためには、時短勤務もいいでしょう。時間に余裕ができ、金銭的問題もクリアできれば、少子化問題も解決できるかも知れません。

女性の生き方改革のみならず、これこそ日本人全体の「働き方改革」になります。

「天皇」のご存在

本書の出版は記念すべき改元の年、令和元年になりました。ですから、最期にぜひ触れておきたいのが、国旗、国歌そして天皇陛下という日本国の根本に関わる事柄です。言うまでもありませんが、日本という国において、天皇と皇室は最も特別な存在です。

まず、皇室の主な行事を取り上げるテレビ番組が毎週報道されるなど、日本国民にとってとても身近な存在です。大きな災害が起きた際には、天皇皇后両陛下が、慰問のために自ら足を運ばれる。被災者が両陛下から手を握られ、優しく肩を抱かれて、感極まって思わず涙を流す光景は、テレビニュースでもよく放映されています。皇室という制度が誕生してから2000年を経た現代でも、天皇の存在は日本人の心の拠り所といえます。

かくいう私も、皇族の方々とは幾度かお目にかかりましたが、本当に親しみやすい方たちばかりです。しかも、クイーンズイングリッシュを流暢にお話になるなど、高い教養を身に着けていらっしゃる。皇族が日本国民の尊崇《そんすう》を集めている理由がよくわかります。

このあたりの国民の気持ちの持ちようが、ヨーロッパの王室とは少し異なります。例えば、イギリス国民は、エリザベス女王ほか王室の人々に敬意のような気持ちは抱いていますが、心の拠り所ではありません。

さしずめ、日本人が皇室に抱く心情は、カトリック教徒がローマ法王に抱くような気持ちに近いかも知れません。ローマ法王は全世界のカトリック教徒の精神的な柱であり、まさに絶対的存在です。天皇陛下も日本人の精神を支える絶対的な存在なのではないでしょうか。

さて、日本の古い伝統と文化と歴史を象徴する、天皇というご存在。

細かいことを言うと、「象徴」は法律用語ではないはずなので、憲法条文に使う言葉としてはふさわしくありませんが、見事にその存在のあり方を示していると思います。

歴史や文化の重みを継続させるのは、その国にとって大事なことです。それを、本当は何も尊重していない、安っぽい「平等主義」を理由になくそうとするなど、言語道断です。「平等」という概念が絶対正義だと思い込む浅薄な連中は、「皇室を壊すことが正義」だと勘違いしています。思い込みが激しい人は、論理のすり替えに気付かない。日本という、歴史が長い国を安定させる仕組みが、現代では「象徴天皇制」になった。誰が見ても明らかです。

共産党が提案した憲法草案があります。

その第一条は「日本国は人民共和制国家である」と書かれています。

さすがは非合法の「コミンテルン日本支部」から100年近くも続く、日本最古の政党です。下敷きにした思想がよくわかる条文です。もっと、自国の成り立ち、歴史や文化、伝統を大切にして条文を考えれば、あのような文言《もんごん》は間違いなく出てきません。「人民のもの」といわれても、正直なところ、アメリカ人の私からしてもピンときません。日本人なら言わずもがなでしょう。

この憲法の下につくられる国家名は、さしずめ「日本人民共和国」でしょうか。

おわりに

アメリカ人と同じくらい国旗・国歌を大事にしてほしい

アメリカ人は日本人に比べ、国旗「星条旗」に強い忠誠心を抱いています。国歌のタイトルもそのものずばりの「The Star-Spangled Banner（星条旗）」です。アメリカの多くの公立学校では、国旗に顔を向けて、「忠誠の誓い」を唱えます。これは毎朝の日課です。

よい機会になので、「忠誠の誓い」の全文を紹介します。

「I pledge allegiance to the Flag of the United States of America, and to the Republic for which it stands, one Nation under God, indivisible, with liberty and justice for all.（私はアメリカ合衆国の国旗、そして国旗が象徴する共和国、万民の自由と正義が約束され、神の下で分割すべからず存立する国家に忠誠を誓います）」

星条旗は、アメリカ国民を統合するシンボルのため、あちこちで見かけます。以前、対談したことがある「テキサス親父」ことトニー・マラーノ氏は、日章旗が街中に掲げられていないと嘆いていました。そこで私は「日の丸」を見たかったら、国会議事堂に行かなければ見られないとアドバイスをしたほどです。

日の丸はこのように、すっかり毛嫌いされているのですが、最も日の丸を嫌悪しているのが、またまた「朝日新聞」になります。

報道写真に日章旗が写り込むことも上役からのチェックが入るようで、まず日の丸が入っている写真記事は見かけません。恐らく社内規定ではなく、暗黙のルールなのでしょう。

ご存じの方もいるかも知れませんが、朝日新聞社の「社旗」は太陽、日の丸をモチーフにしています。日章旗を嫌ってるくせに何だといちゃもんの一つもつけたくなりますが、インターネットで『『朝日新聞』社旗』と検索すれば、白地に赤字の太陽光が伸びるデザインが目に入ってきます。

似たような旗を目にしたことはありませんか。戦前は軍旗として使われていた、旭日旗《きょくじつ》です。現在も海上自衛隊が使用しています。

そのためか、朝日新聞社ソウル支局では、社旗が掲揚されていません。しかし、韓国と朝日は「お仲間」同士であり、あれだけ「旭日旗に見えるもの」にはヒステリックに騒ぎ立てる韓国人が、朝日新聞の社旗に文句を言ったという話は一度も聞いたことがありません。ですから、ソウルの街に朝日の社旗が翻るのは何の問題もないと思いますが掲揚されていません。事情を知らない韓国国民の目を配慮してのことでしょうか。

2017年11月には、アメリカ西海岸のロサンゼルスにある公立学校の建物に旭日旗をモチーフにしたような壁画が描かれ、現地の韓国人が激怒していると話題になりました。

その後、作者から「大日本帝国の旗とは無関係」のコメントもあり、「壁画の背景を変えてほしい」という韓国人団体の要求を、学校側は一蹴《いっしゅう》しました。私もこのニュースに溜《りゅう》飲《いん》が下がった思いです。

国旗・国歌そして皇室は、日本にとって根幹に関わる最も大事な存在です。その大事な存在を貶めて恥じないメディアや政治家、教師などは、明らかに「異常」です。そのことに多くの日本人が気付き、声を上げ、彼らに「更生」を迫ることができれば、日本は今以上に素晴らしい国に生まれ変わることができる。私はそう思います。あと一歩のところまで来ているのではないか。私は「令和」時代の変化への期待に、胸を躍らせています。

令和元年8月

ケント・ギルバート

■著者プロフィール

ケント・ギルバート

1952年、米国アイダホ州生まれ、ユタ州育ち。70年、米ブリガムヤング大学に入学。翌71年モルモン宣教師として初来日。経営学修士号（MBA）と法務博士号（JD）を取得したあと国際法律事務所に就職、企業への法律コンサルトして再来日。弁護士業と並行し、83年、テレビ番組『世界まるごとHOWマッチ』にレギュラー出演し、一躍人気タレントとなる。2015年、公益財団法人アパ日本再興財団による『第8回「真の近現代史観」懸賞論文」』の最優秀藤誠志賞を受賞。読売テレビ系『そこまで言って委員会NP』、DHCテレビ『真相深入り！虎ノ門ニュース』などに出演中。

近著に『リベラルの毒に侵された日米の憂鬱』（PHP研究所）『米国人弁護士だから見抜けた日弁連の正体』（育鵬社）『永田町・霞が関とマスコミに巣食うクズなんてゴミ箱へ捨てろ!』（祥伝社）『「パクリ国家」中国に米・日で鉄槌を!』（悟空出版）『本当は世界一の国日本に告ぐ大直言』（SBクリエイティブ）『性善説に蝕まれた日本 情報に殺されないための戦略』（三交社）『天皇という「世界の奇跡」を持つ日本』（徳間書店）などがある。

世界《せかい》は強《つよ》い日本《にほん》を望《のぞ》んでいる
嘘《うそ》つきメディアにグッド・バイ

2019年9月15日　初版発行

著　者　ケント・ギルバート

カバーデザイン　木村慎二郎
本文デザイン　斉藤よしのぶ
編集協力　株式会社 啓文社
校　正　大熊真一
編　集　川本悟史（ワニブックス）

発行者　横内正昭
編集人　岩尾雅彦
発行所　株式会社 ワニブックス

〒150-8482
東京都渋谷区恵比寿4-4-9 えびす大黒ビル
電話　03-5449-2711（代表）
　　　03-5449-2716（編集部）
ワニブックスHP　http://www.wani.co.jp/
WANI BOOKOUT　http://www.wanibookout.com/

印刷所　株式会社 光邦
ＤＴＰ　株式会社 啓文社
製本所　ナショナル製本

定価はカバーに表示してあります。

ISBN 978-4-8470-9772-0